DIE NEUE VEGETARISCHE KÜCHE

ELISABETH FISCHER

DIE NEUE VEGETARISCHE KÜCHE

Fettarm, schlank & gesund

Mosaik

Inhalt

WOHLBEFINDEN

Die positiven Auswirkungen gesunder Ernährung

WOHLGESCHMACK

Rezepte, die Appetit auf Gesundheit machen

Vorwort

Der immerwährende Kampf mit den Pfunden

im Zeichen des gesteigerten Körperbewußtseins wird er nicht mehr nur von den Frauen geführt, auch die andere Hälfte der Menschheit, Männer genannt, ist in den Wettbewerb um den begnadeten Körper oder »Wer ist schlanker und ranker?«, eingestiegen. Gemeinsames Schwitzen im Fitneßstudio steigt so zur zeitgemäßen Form des Rendezvous auf; und nachher traut vereint Essen, kalorienbewußt, was sonst, mager und nicht zuviel, nur ein Häppchen, das aber bei Kerzenlicht. Freude kommt da keine auf, mit knurrendem Magen will sich im gestylten Body die wahre Lust nicht einstellen.

Weitere Szenen dieses modernen Dramas: »Hunger, Frust und aus Verzweiflung die nächste Leberkässemmel« schreibt der Alltag. Ein Familienmitglied stochert angeödet im Light-Menü aus der Aluschale, während der Rest seiner Lieben sich genüßlich und schadenfroh den Bauch mit Kalorienreichem vollschlägt. Oder 4 Wochen Diät, Essen nach Tabelle, die Waage ständig griffbereit, die Polster sind weg, die Hose zwickt nicht mehr, und schon geht es wieder los, das »Mit schlechtem Gewissen zuviel essen«.

Jahrelang kann es sich hinziehen, dieses Nimm-ab- und Nimm-auf-Spielchen, Energien werden sinnlos beim Einhalten strenger Diäten verpulvert und das eigene Versagen beim Verschlingen einer Mousse au Chocolat gnaden- jedoch hilflos gegeiselt.

Es gibt zwei Auswege aus diesem Dilemma,

das auf die Dauer auch der Gesundheit nicht zuträglich sein kann: Entweder mit Freude fett werden, seine Pfunde lieben, oder eine langfristig praktizierbare Umstellung der Ernährungsgewohnheiten. Praktizierbar heißt in diesem Zusammenhang, mit Genuß essen, ohne schlechtes Gewissen und ohne das zermürbende Gefühl, ständig nicht satt zu werden, nichts »Richtiges« zum Essen zu bekommen, Mangel zu leiden.

Praktizierbar heißt auch, es gibt keine Unterscheidung mehr in Kalorienbewußte und -unbekümmerte. Alle bedienen sich aus einem Topf, dessen verlockender Inhalt schnell und einfach gekocht sein muß. Ein Hoffnungsstrahl für die gestreßte Hausfrau und den geplagten Hausmann.

Hört sich gut an, aber wie soll sie aussehen, diese köstliche Anti-Diät fürs ganze Leben mit der man nicht nur schlank wird, sondern auch schlank bleibt? Die vegetarische Küche erfüllt nach neuesten wissenschaftlichen Erkenntnissen alle Vorausetzungen für das Schlemmen ohne Reue. Denn sie liefert sämtliche lebensnotwendigen Nährstoffe in einem der Gesundheit dienlichen Verhältnis. Große Mengen der ballaststoffreichen Kohlenhydrate, nicht zu viel Eiweiß und wenig Fett.

In dieser ausgewogenen Zusammensetzung der Nährstoffe liegt auch der Grund für den Erfolg der vegetarischen Küche. 1 g Fett liefert doppelt so viel Kalorien wie 1 g Kohlenhydrate oder Eiweiß. Das bedeutet in die tägliche Essenspraxis übesetzt: Bei einer fettarmen, kohlenhydratreichen Ernährung können bei gleicher oder geringerer Kalorienzufuhr größere Mengen verspeist werden. Im Gemüse sind die Kalorien in so geringem Maße vorhanden, daß nicht jeder Biß auf die Waage gelegt werden muß. Ob pro Mahlzeit 200 g Gemüse mehr verzehrt wird, spielt überhaupt keine Rolle, bei Lauch sind das gerade 48 kcal, bei Spinat 36 kcal und bei Champignons 32 kcal. Ballaststoffreiche Getreide, Hülsenfrüchte und Milchprodukte ergänzen die Palette fettarm und eiweißreich und sorgen dafür, daß die leichte Ernährung allen Anforderungen an eine vollwertige Kost entspricht.

Die schlanke Revolution: Schlemmen ohne Reue

hört sich alles sehr schlank an, aber auf den ersten Blick scheint es dem in der vegetarischen Küche nicht so Bewanderten, als drohe ihm doch die Askese. Keine Angst, die Freuden des guten Essens müssen bei diesem Grundprogramm nicht geopfert werden.

Zum einen gibt es eine verschwenderische Vielfalt an Gemüsesorten, eine reiche Auswahl an Getreiden und Hülsenfrüchten und die Liste geeigneter Milchprodukte wird immer länger. Langeweile in punkto Abwechslung kann also nicht aufkommen. Zum anderen hat die Kunst des Würzens und der schonenden Zubereitung ganz und gar nichts mit einem Mehr an Kalorien zu tun. Aromaverströmende Gewürze und frische Kräuter fallen bei dieser qualvollen Berechnung überhaupt nicht ins Gewicht, und wer glaubt, daß eine sämig, cremige Sauce nur unter Verwendung von viel Sahne zustande kommt, irrt, ein paar Löffel Joghurt im Verbund mit einer abgerundeten Gewürzmischung wirken Wunder, entscheidend allein ist das richtige Knowhow für diese neue, schlanke Küche mit Langzeitwirkung.

Selbst auf die geliebte Sahne muß nicht verzichtet werden, denn verfeinert sie an Stelle des Zürcher Geschnetzelten ein kräuterfeines Gericht aus Spargeln und Austernpilzen bleibt die Gesamtsumme der Kalorien erstaunlich niedrig. Aber auch raffiniert fernöstlich kann die ideale Schlankheitskost aussehen: Ein üppiges Gemüsegericht mit Ingwer, Sherry und Chili abgeschmeckt wird unter Rühren im Wok gebraten, dazu gibt es Naturreis, kleine, raffinierte Saucen, einen einfallsreichen Salat – die Gäste werden begeistert sein von diesem opulenten Mahl. Eingeschränkt wird sich niemand fühlen, jedoch ein sehr angenehmes Gefühl im Magen haben, satt, aber nicht voll.

Was gehört sonst noch zur schlanken vegetarischen Küche? Alles, was wir zu unseren Leibgerichten zählen: Pasta, mit ihren unendlichen Variationsmöglichkeiten (selbstverständlich mit Käse), deftige Eintöpfe, köstliche Suppen, cremige Desserts, abwechslungsreiche Salate und knusprige Gerichte aus dem Backofen.

Eine kleine positive Nebenwirkung dieser Ernährungsweise soll nicht unerwähnt bleiben, sie ist extrem wohltuend für den Cholesterinspiegel, da reich an Ballaststoffen, ungesättigten Fettsäuren und arm an gesättigten Fettsäuren und Cholesterin.

Mit etwas Routine und Erfahrung mit der vegetarischen Küche kann dann auch die langersehnte Revolution am Herd stattfinden:

Die Vorherrschaft der Kalorien wird abgeschafft, sie dominieren nicht länger jede Einkaufsliste und sämtliche Menüplanungen, endlich kann man sich mit Hingabe wieder dem schönsten Problem des Kochens widmen: Wie schmeckt's am besten?

WOHLBEFINDEN

SCHLUSS MIT DEN DIÄTEN, GUT ESSEN MACHT UND HÄLT SCHLANK

Dick durch Diät

Jedes Frühjahr, wenn die neue Bademode droht, haben die Wunderdiäten Saison. Sämtliche Zeitschriften beteiligen sich an dem Wettbewerb »wie verliere ich die meisten Pfunde in der kürzesten Zeit oder, nur Abschneiden geht schneller«. Ob Ananas-Hollywood-Semmel-Ahornsirup-Zitronensaft-Maya-Hähnchen- oder Bier-Kur die werbewirksame Bezeichnung »Blitzdiät« haben sie alle verdient, denn ist die Kur erst beendet, verschwindet das Traumgewicht wieder wie der Blitz. Dafür gibt es Frust, Selbstvorwürfe, neue Pfunde und die nächste Diät.

Eine ununterbrochene Beschäftigung mit dem Essen erfordert dieses zermürbende Auf- und Abnehmen, eine gnadenlose Sisyphusarbeit. Wann darf ich, wie oft, wie wenig, wovon essen? Warum habe ich jetzt schon wieder zu oft, zu viel vom Falschen gegessen? Essen und Trinken sind dazu da, um uns gesund und bei guter Laune zu halten. Unter dem permanenten Traumgewicht-Diktat verliert das Essen und das Trinken aber jeglichen positiven Aspekt und verkommt zum nie endenden Streßerlebnis, zur täglich wiederkehrenden Tortur.

Die Folgen dieses aussichtslosen Kampfes machen sich erst mit der Zeit bemerkbar. Da Diäten ihre schnell vorübergehenden Erfolge einer einseitigen Ernährung verdanken, leiden nach Schlankheit Hungernde unter einem Mangel an lebensnotwendigen Stoffen.

Richtig betrachtet ist es ein doppelter Mangel: In den immer kürzer werdenden Phasen zwischen den Diäten wird traditionell gegessen, zuviel Fett, zuwenig Kohlenhydrate, zuwenig Ballaststoffe, Vitamine und Mineralstoffe. Mit dem Beginn einer neuen Hungerkur wird die Nährstoffzufuhr noch einseitiger und eingeschränkter und der Mangel spitzt sich zu. Der Körper, der nach wie vor seine Leistungen aufrechterhalten muß, gerät ob dieser sich ständig verschlechternden Ernährungslage in Panik, reagiert mit massiven Eßstörungen und ist von chronischen Schädigungen bedroht. Werden etwa zu wenig calciumhaltige Milchprodukte verzehrt, droht die knochenzermürbende Osteoporose.

Der Körper ist ein Dinosaurier

Diäten sind vergebliche Mühe, da, man ist geneigt, es zu vergessen, der menschliche Organismus immer noch naturgegebenen Gesetzmäßigkeiten unterworfen ist. Und nach diesen ist der Mensch, auch was die Verwertung seiner Nahrung angeht, wenn nicht ein Dinosaurier, so doch auf jeden Fall ein Neandertaler.

Es ist ein uraltes Programm, das der Körper anklickt, um die ihm zugeführte Nahrung so effektiv wie möglich zu verarbeiten. Brechen Notzeiten an, gibt es wenig zu essen, beginnt also eine Diät, schaltet der Körper auf Sparprogramm und verbraucht weniger. Plötzlich sind die schlechten Zeiten vorbei, Ende der Diät, der Nachschub fließt wieder üppig, aber der Körper läuft immer noch auf Sparprogramm und verwertet jetzt das Essen besonders gut, legt vorsichtig und vorausplanend neue Fettpolster an und ersetzt schleunigst Wasser und körpereigenes Eiweiß, die während der hungrigen Zeiten noch vor dem Fett abgebaut wurden.

Somit kann das Spiel wieder von vorne losgehen, es brechen magere Zeiten an, der Körper schaltet auf Sparen …

Schlankheitskuren scheitern an unserem altmodischen Körper, der nicht auf Überfluß, sondern auf einen ständigen Überlebenskampf mit knappen Mitteln programmiert ist – ein Wilder, mit unzivilisierten Instinkten behaftet.

Was tun, selbstverständlich könnte man eine Genmanipulation in Betracht ziehen und das veraltete Programm auf den neuesten Stand bringen. Eine einfachere Lösung ist: Schluß mit den ewigen, lästigen, lustlosen Diäten. Gut, üppig und genußvoll essen macht und hält schlank.

Erfolgversprechend ist nur eine langfristige Änderung der Ernährungsgewohnheiten, unbeschwert, locker, ohne Streß und Gewissensbisse. Langsam, sanft und dauerhaft verschwinden so die überflüssigen Pfunde. Fett schmilzt nicht wie Schnee in der Sonne. Überschüssiges Fett muß abgebaut werden, und Bauarbeiten dauern immer etwas länger. Sind sie solide ausgeführt, halten sie allerdings auch.

Dem Abnehmen sind natürliche Grenzen gesetzt, denn das Körpergewicht ist nicht nur vom Essen, sondern auch durch Erbanlagen bestimmt. Wer versucht, sein Gewicht unter diese biologische Schranke zu drücken, muß sein Eßverhalten immer mehr mit dem Kopf steuern, sich hartnäckig und verbissen zum Hungern zwingen. Durch diesen Gewaltakt werden die inneren Signale des Körpers, die Hunger und Sättigung anzeigen, ausgeschaltet. Ein aussichtsloser Kampf, in dem viel Energie verpulvert wird und der nicht mit weniger Gewicht, sondern mit massiven, gesundheitsgefährdenden Eßstörungen endet. Die häufigsten Eßstörungen sind Heiß- und Süßhungerattacken, bei deren Angriff sämtliche Kontrollen zusammenbrechen und alles wahllos in riesigen Mengen in sich hineingeschlungen wird.

Freunden Sie sich mit dem Gedanken an, daß Sie sich nicht um jeden Preis auf ein Idealgewicht quälen müssen. Sie sind ein ganz besonderer Mensch, dem sein eigenes Gewicht entspricht, kein 0815 Modell mit Standardmaßen.

Üben Sie Nachsicht mit sich selbst, klopfen Sie sich freundlich und aufmunternd auf die Schulter: Nicht mager, dürr und elend ist das Ziel, sondern das Körpergewicht soll erreicht werden, bei dem Sie sich am wohlsten fühlen.

Nie mehr hungrig

Greifen Sie energisch durch und machen Sie aufatmend Schluß mit den Diäten. Essen Sie ohne Schuldgefühle und Gewissensbisse. Nicht jeder Bissen muß auf die Waage gelegt werden und das traurige Gefühl, nie satt zu werden, gehört der Vergangenheit an.

Keine Bange, hier wird nicht die x-te Mega-Super-Diät angepriesen, sondern eine vernünftige Ernährung empfohlen, die höchsten kulinarischen Ansprüchen genügt und sich langfristig wohltuend auf Gewicht und Gesundheit auswirkt. Eine befriedigende Ernährung für alle und nicht die Notration für die verzweifelte Einzelkämpferin gegen die Pfunde.

Mit einer vollwertigen, vegetarischen Ernährung kann der Teufelskreis von Mangelerfahrungen, gierigen Eßphasen mit Schuldgefühlen, neuen verschärften Einschränkungen und unkontrollierbarem Heißhunger durchbrochen werden. Denn die schlanke, vegetarische Küche macht satt und trotzdem, oder gerade deshalb, nicht dick.

Die chinesische Gemüsepfanne mit Naturreis, goldgelbes Kartoffelgratin mit Safran, dazu geschmorter Fenchel mit Tomaten, sizilianisches Gemüsegratin, Heidelbeerkuchen, gemeinsam ist diesen mundwässernden Gerichten: sie enthalten viel Kohlenhydrate, Ballaststoffe und sehr wenig Fett.

Und das ist der entscheidende Punkt: Gespart wird nur beim Fett, denn auf Fett kann man ausrutschen und ins Übergewicht schlittern. Ansonsten wird unbekümmert, nach Herzenslust und in großen Portionen gekocht, mit möglichst naturbelassenen Zutaten. Frisches Obst und Gemüse in Hülle und Fülle, alles was die Jahreszeit bietet, abwechslungsreiche Getreidegerichte, deftige Hülsenfrüchte im Salat oder im Suppentopf.

Milch fließt reichlich auf dem Speiseplan, enthält Milch doch gut verdauliches Eiweiß und Calcium, das die Knochen davor bewahrt, morsch und brüchig zu werden. Schlanke, würzige Milchprodukte werden bevorzugt: Joghurt, Buttermilch, Kefir, Quark. Aber auch bei den Milchprodukten sollte die Schlankheit nicht zur Magersucht ausarten. Milchprodukte aus Magermilch wie Joghurt mit 1,5% Fett schmecken schrecklich! Am besten eignet sich naturgereifter, pikanter Käse, Parmesan, Emmentaler, Schafskäse für die fettbewußte, vegetarische Küche. Denn schon eine kleine Portion fein gerieben bringt viel würziges Aroma in Pastagerichte und Aufläufe.

Das bißchen reine Fett, das der Mensch braucht, ganze 40–60 g pro Tag, sollte mit Genuß verspeist und nicht mit Schuldgefühlen unters Essen geschmuggelt werden. Die Devise heißt: wenig Fett, dafür vom Besten. Butter, Sahne, feinste kaltgepreßte Öle. Ein großes Loch in den Geldbeutel reißen bei diesen kleinen Mengen nicht einmal die exklusivsten Olivenöle aus der Toskana.

Genüßlich satt

Was sättigt mehr;
a) 100 g Emmentaler
oder
b) 1 kg Obst und Gemüse
oder
c) 2 Portionen Linsensuppe (S. 68)
Des Rätsels Lösung: Der Käse sättigt am wenigsten, obwohl er die gleiche Kalorienzahl (400 kcal) hat wie 1 kg Obst und Gemüse oder 2 große Portionen Linsensuppe.

Anders ausgedrückt, statt wenig Käse mit viel Kalorien, lieber viel Gemüse oder Linseneintopf mit wenig Kalorien essen.

Selbstverständlich wird der Käse nicht vom Teller verbannt, er nimmt nur nicht mehr den dominierenden Platz ein.

Kohlenhydratreiche, fettarme Mahlzeiten machen genüßlich satt, aber nicht drückend voll, da die menschlichen Verdauungsorgane auf eine Ernährung mit hohem Anteil pflanzlicher Fasern eingestellt sind. Neben hohem Sättigungswert bei niedriger Kalorienzahl haben Gemüse, Obst, Getreide und Hülsenfrüchte noch einen entscheidenden Vorteil; sie liefern reichlich Vitamine und Mineralstoffe, denn die Ernährung allein unter dem Aspekt des Kalorienzählens zu betrachten, wäre ein folgenschwerer Fehler. Vitamine und Mineralstoffe braucht der Körper unbedingt in ausreichenden Mengen, damit der Stoffwechsel funktioniert und die Abwehrkräfte gestärkt werden.

Schlank fürs ganze Leben

Sie können die Jagd nach der nächsten unbefriedigenden Diät getrost einstellen und komplizierte, aber oft befolgte Eßvorschriften wie »kein Käse mit Brot, keine Milch mit Salat«, die medizinisch in keinster Weise begründet sind, für immer und ewig vergessen.

Bringt doch auch die mit großem Eifer praktizierte Trennkost, welche das Ernährungsverhalten einem strengen Diktat unterwirft, keinerlei gesundheitliche Vorteile. Im Gegenteil, die Deutsche Gesellschaft für Ernährung warnt vor dem verbissenen Einhalten dieser Diät-Gesetze, da durch den strikt getrennten Verzehr von kohlenhydrat- und eiweißreichen Lebensmitteln zu wenig Getreide, Vollkornprodukte, Kartoffeln und Milch gegessen werden. Durch diese Fehlernährung kann die Trennkost aber zur folgenschweren Mangelernährung geraten.

Die Gewichtsverluste, die mit der Trennkost erreicht werden, kommen einzig und allein durch eine geringere Gesamtkalorienzufuhr zustande, welche durch einen eingeschränkten Fleisch-, Süßigkeiten- und Alkoholkonsum und durch einen erhöhten Verzehr von Obst und Gemüse erreicht wird und nicht durch den getrennten Verzehr von Nahrungsmittelgruppen.

Vielleicht läßt sich die große Popularität der Trennkost mit dem Bestreben erklären, sich harten Prüfungen zu unterwerfen. Wie im Märchen, wenn die in eine Kröte verwandelte Prinzessin zu ihrer Erlösung Hemden aus Brennesseln flechten muß.

Erfreulicherweise kann man sich das Abnehmen und Schlankwerden auch weniger märchenhaft und anstrengend gestalten. Indem man sich wohlwollend zugesteht, daß Schlankheit und Wohlbefinden nicht hart erkämpft werden müssen, sondern mit einer vernünftigen, vegetarischen Ernährung genußvoll erreicht werden können.

Die schlanke, vegetarische Küche ist kein Modeblümchen aus dem Diäten-Gewächshaus, das im Frühling grell aufblüht und im Herbst schon wieder aus der Eßlandschaft verschwunden ist.

Die schlanke vegetarische Küche ist ideal, um sich ein Leben lang gesund und schlank zu ernähren: Die vegetarische Küche macht satt, hat wenig Kalorien, enthält alle lebensnotwendigen Stoffe – und sie schmeckt hervorragend!

Erdbeercreme mit Mangosoße
(Rezept Seite 121)

Fit und froh durch gesunde Ernährung

Der Mensch ist ein Glückspilz

Sie sollten sich beglückt Ihrem Schicksal ergeben: Der Mensch ist zum Genuß geboren! Dank einer fürsorglichen Natur bereiten ihm die einfachsten Aktivitäten, von welchen sein Überleben letztlich abhängt, auch den größten Spaß. Ein lustvoll verspeistes Essen macht zufrieden satt, aber nicht dick, und versorgt den Organismus mit allen Stoffen, die er braucht, um zu wachsen, sich zu regenerieren, reibungslos zu funktionieren – kurz, um gesund zu bleiben.

Es ist kein Geheimnis mehr, wie ein Essen aussieht, das diesen angenehmen Mechanismus von Wohlgeschmack und Wohlbefinden in Gang bringt – vegetarisch.

Vegetarier sind schlanker, gesünder und sie leben länger, so schlicht und ergreifend lautet das Ergebnis langjähriger Forschungen. Gründe genug, um sich in das vegetarische Koch- und Eßvergnügen zu stürzen. Aber ohne Verbissenheit und solch heroische Entschlüsse wie: »Ab heute wird nie mehr im Leben Fleisch gegessen.« Das bringt nur Streß; Verbote sind einer genüßlichen Lebensweise nicht förderlich.

Die vegetarische Küche ist zu allererst eine neue kulinarische Erfahrung, haben Sie erst einmal davon gekostet, wächst der Appetit auf mehr.

Lust auf Gesundheit

Statt langer Erklärungen ein kurzer Menü-Vorschlag:

Feldsalat mit Sprossen, Walnüssen und Orangen (S. 50)

•

Parmesanklößchensuppe mit Spinat (S. 62)

•

Brokkoli aus dem Dampf mit Pilzsoße (S. 87)

•

Goldgelbes Kartoffelgratin mit Safran (S. 94)

•

Erdbeer-Orangen-Salat (S. 120)

Auf die richtige Mischung kommt es an

Um die Abhängigkeit des Menschen von dem, was er ißt, anschaulich zu machen, werden wir ihn ausnahmsweise nicht als Krone der Schöpfung betrachten, sondern mit einem Auto vergleichen. Ein Auto braucht Treibstoff, damit es fährt, den richtigen, das weiß schon jedes Kind. Wer Diesel in den Tank schüttet, wenn Super verlangt wird, muß mit größeren Komplikationen rechnen, die mit dem Zusammenbruch enden können.

Mit den Menschen ist es nicht anders, auch sie brauchen die richtige Energiezufuhr. Der menschliche Treibstoff besteht überwiegend aus Kohlenhydraten und in kleinen Mengen aus Eiweiß und Fett und wird nicht in Litern, sondern in Kalorien gemessen.

Auch das ist wichtig für eine Ernährung, die langfristig bekömmlich sein soll: Nicht jede Kalorie ist schlecht und zu meiden, denn ohne Kalorienzufuhr ist das Leben nicht möglich und ständiges, automatisches Kaloriensparen führt zu chronischen Gebrechen und zum Verlust der Freude am Essen, eine der wesentlichsten Freuden im Leben.

Kohlenhydrate, Schwung und gute Laune inklusive

Wer fit sein und nicht fett werden will, bestreitet den überwiegenden Teil seiner Ernährung mit den kraftspendenden Kohlenhydraten. Nun geht niemand in den Supermarkt und kauft ein Pfund Kohlenhydrate. Alles was der Mensch braucht, wird von der Natur produziert und darum entsprechen den Bedürfnissen des Organismus die Kohlenhydrate in ihrer natürlichen Form.

Gekauft und gegessen werden also Vollkornbrot, Nudeln, Kartoffeln, Hülsenfrüchte, aber auch Gemüse und Obst. In diesen Nahrungsmitteln stecken neben den Energie liefernden Kohlenhydraten auch noch jede Menge lebenswichtige Vitamine, Mineralstoffe, dazu Eiweiß, aber wenig Fett und üppig Ballaststoffe.

Ballaststoffe sind unverdauliche Kohlenhydrate und

wahre Wohltäter für eine natürlich geregelte Verdauung, die schon damit beginnt, daß ballaststoffreiche Speisen besser gekaut werden müssen. Ballaststoffe binden aber auch Schadstoffe, und helfen mit, daß der Cholesterinspiegel nicht außer Kontrolle gerät. Reichlich Ballaststoffe im Essen bedeuten ein internes Gymnastikprogramm für den Körper, sie machen Schluß mit der Trägheit, die in vielen Bäuchen herrscht. Ballaststoffe lassen uns höchst erleichtert durchs Leben gehen.

Spaghetti »Campagnolo« mit Kartoffeln und Bohnen (S. 73), ein deftig, ländliches Gericht aus dem Süden Italiens und der tomatenwürzige, provençalische Linseneintopf (S. 70) – für die Liebhaber der herzhaften Küche, sind diese ballaststoff- und kohlenhydratreichen Gerichte ein gefundenes Fressen.

Kohlenhydrate sind nicht nur eine Wohltat für den Körper, sie fördern auch ein heiteres Gemüt. Im Gehirn des Menschen werden Impulse von Nervenleitung zu Nervenzelle transportiert. Spezielle Stoffe regeln diesen Vorgang, einer davon ist das Serotonin. Ist nicht genug Serotonin vorhanden, sinkt die Stimmung und der Schlaf leidet. Werden viele Kohlenhydrate gegessen, kann der Körper verstärkt Serotin produzieren und gute Laune stellt sich ein.

Fett macht fett

Wie Sie diesen Satz auch drehen und wenden, er bleibt gleich. In unserem Schlaraffenland mit überquellenden Supermärkten, Vorratskammern und Tiefkühltruhen hat das Fett die Kohlenhydrate als Haupt-Energiequelle verdrängt: das Fett in Fleisch, Wurst, Käse, Butter, Margarine, zuckersüßer Schlagsahne.

Selbstverständlich ist wenig Fett, vor allem pflanzliches Fett mit einem hohen Anteil an ungesättigten Fettsäuren notwendig. Zuviel Fett aber hat verheerende Folgen. Stellen Sie sich eine Nähmaschine vor. Mit ein paar Tropfen Öl läuft sie wie geschmiert, wird die ganze Flasche in die Maschine gekippt, bricht Chaos aus im Getriebe.

Nicht anders beim Menschen, zuviel Fett im Blut klumpt, klebt, setzt sich fest, verstopft die Adern. Zuviel Fett im Bauch macht die Verdauung schwerfällig, und läßt sie schließlich ganz zum Erliegen kommen. Nichts geht mehr! Erinnern Sie sich an den letzten Stau auf der Autobahn? Klar, daß jetzt auch die Galle überfließt und der Magen sauer reagiert.

Zuviel Fett bedeutet Streß für den gesamten Organismus und es ist nicht verwunderlich, daß er darauf mit Krankheiten reagiert, denn alles läßt er sich auch nicht gefallen, besonders wenn der Fettstreß ein Dauerzustand ist. Arteriosklerose, Herz-Kreislaufkrankheiten, Darmkrebs, das verspeiste Fett stört das alles nicht, gemütlich begibt es sich unter die Haut zur Endlagerung, dort ruht es dann in immer größer werdenden, weichen Polstern.

Eiweiß ist wichtig, aber in Maßen

Auch der dritte Nährstoff, das Eiweiß, welches Fisch, Fleisch, Eier, Milchprodukte, Getreide und Hülsenfrüchte liefern, kommt im Überfluß auf den Tisch. Eine Überversorgung, die nicht ohne unangenehme Folgen bleibt. Bei der Verdauung von Eiweiß entsteht ein Abfallprodukt, die Harnsäure. Bei einer dem Körperbedarf angemessenen, das heißt geringen Eiweißzufuhr mit der Nahrung macht es dem Körper kein Problem, dieses Abfallprodukt auszuscheiden. Zuviel Abfall überfordert aber den Entsorgungsmechanismus und es kommt, wie schon aus dem wirklichen Leben bekannt, zu einem Abfallstau.

Der Müllkollaps unseres Organismus heißt Gicht und Nierenerkrankungen.

Eiweiß aus tierischen Nahrungsmitteln hat oft eine unangenehme Begleiterscheinung: das Fett! Fleisch, sieht es auch noch so mager aus, besteht immer zu einem guten Teil aus Fett, darum ist eiweißreiches Essen mit der Betonung auf Fleisch, Wurst, Käse immer auch ein sehr fettes Essen mit einem hohen Cholesteringehalt.

Pflanzliche Lebensmittel bieten das Eiweiß in einer, der Schlankheit dienlicheren Nährstoff-Kombination. Getreide und vor allem Hülsenfrüchte sind hochwertige Eiweißquellen mit einem sehr geringen Fettanteil. Statt dessen verwöhnen sie mit reichlich ballaststoffhaltigen Kohlenhydraten, Vitaminen und Mineralstoffen. Besonders wertvoll wird pflanzliches Eiweiß, wenn verschiedene eiweißreiche Lebensmittel gemeinsam verzehrt werden. Gebackene Bergsteiger-Bohnen (S. 96) mit Vollkornbrot haben mehr Eiweiß als ein kleines Steak (und viel weniger Fett)!

Wertvolle Eiweißkombinationen

und dazu gleich die entsprechenden Rezeptvorschläge:

Hülsenfrüchte und Getreide:

Gebackene Bergsteiger-Bohnen (S. 96)
mit Vollkornbrot
oder
Split-Pea Soup, amerikanische
Erbsensuppe (S. 65)
und Knoblauchtoast

Weizen und Milch:

Aprikosen-Buttermilch-Drink (S. 37)
Mangold-Quiche (S. 112)
oder
Kokos-Grieß-Kuchen mit Aprikosen (S. 114)
mit Grapefruit-Bananen-Shake (S. 36)

Kartoffeln und Ei:

Mexikanische Kartoffeln »Patatas Bravas«
(S. 94) mit Kräuter-Rührei
oder
Kartoffelsalat mit Stangensellerie und
Kapernvinaigrette (S. 52)
und hart gekochte Eier

Weizen und Hefe:

Apfel-Feigen-Kuchen mit mürbem Hefeteig (S. 113)
oder
Schwäbischer Zwiebelkuchen (S. 112)

Schlemmen ohne Reue

Vegetarier können diese Betrachtungen über die Folgen der verschiedenen Stauungen, die durch ein Zuviel an Fett und Eiweiß hervorgerufen werden, gleich wieder vergessen und sich ohne Angst vor überflüssigen Pfunden und mit hingebungsvoller Leidenschaft dem Essen widmen. Denn Vegetarier ernähren sich richtig, ohne viel über Theorie nachzudenken.

Durch die Zusammensetzung ihrer Ernährung verspeisen Vegetarier automatisch große Mengen von kohlenhydratreichen Lebensmitteln, die genug Ballaststoffe liefern; ihr Eiweißhaushalt ist im Gleichgewicht und sie schaffen es, ohne sich einzuschränken und zu kasteien, viel weniger Fett zu verzehren. Auch mit Vitaminen und Mineralstoffen sind sie gut versorgt.

Das Schlemmen ohne Reue lohnt sich. Vegetarier und auch Menschen, die zweimal im Monat Fleisch essen, zählen dazu, leiden wesentlich weniger an Herzkreislaufkrankheiten und deutlich weniger an Krebs. Vegetarier haben niedrigere Cholesterinwerte, einen niedrigeren Blutdruck, sogar auf die Gicht wirken sie abschreckend und ihre Nieren funktionieren besser.

Kein schlechtes Ergebnis, wenn man bedenkt, daß Vegetarier auch nur das Eine im Sinn haben: das gute Essen.

Karibische Fruchtbowle (Rezept Seite 37)

Vitamine, natürlich gesund und schön durch die gewaltige Kraft der unsichtbaren Winzlinge

Vitamine, fleißig wie die Ameisen

Schöne Haut, kräftige, glänzende Haare und glatte, starke Fingernägel, sind nur zum geringen Teil das Ergebnis von Kosmetika, sondern vielmehr die bewunderte Folge vitaminreicher Ernährung.

»Wahre Schönheit kommt von innen« mahnten besorgte Großmütter, wollten so den frühreifen Gebrauch von Lippenstift und Wimperntusche unterbinden, hatten mit dieser Weisheit aber das reine kindliche Gemüt und keine Vitamine im Sinn. Heute argumentieren aufgeklärte Großmütter nicht mit Moral, sondern mit der Wissenschaft, wenn sie innere Schönheit propagieren, wohlwissend, daß ein raffiniertes Make-up nur auf gesunder Haut die maximale Wirkung zeigt.

Damit Haut und Haare schön gesund werden und bleiben, müssen sie ständig erneuert, geschützt und auch geheilt werden. Fehlen Vitamine, werden diese Prozesse gestört und der Körper gibt Alarmzeichen. Schuppige Haut, brüchige Fingernägel, glanzlose Haare und Haarausfall, schlecht heilende Wunden sind ein Zeichen von Vitaminmangel, der häufig durch einseitige Diäten ausgelöst wird.

Jedes Vitamin erfüllt emsig und ohne zu rasten spezielle Aufgaben, damit wir uns wohl in unserer intakten Haut fühlen: Vitamin A unterstützt die Neubildung der Hautzellen, wirkt so ihrer vorzeitigen Alterung entgegen, festigt Haare und Zähne. Ohne Vitamin A sitzt der flotteste Haarschnitt nur halb so gut. Vitamin E schützt vor austrocknenden Sonnenstrahlen und Umweltgiften, Vitamin B_2 läßt nach einem kleinen Schnitt beim Zwiebelschneiden die Haut schneller heilen und Vitamin B_6 beugt Hautkrankheiten vor. Eine gesunde Haut ist jedoch nicht nur die Voraussetzung für gepflegtes, attraktives Aussehen. Sie bewahrt, so dünn sie auch ist, den Körper vor Umweltgiften und Bakterien.

Vitamine haben mehr zu tun, als sich nur um Haut und Haare zu kümmern. Bei unzähligen Ab-, Um- und Auf-Bauarbeiten, die im Körper bei Tag und Nacht, ununterbrochen und gleichzeitig ablaufen, sind Vitamine ständig im Einsatz. In jeder Zelle wirken sie, und ein Vitaminmangel kann ernste Erkrankungen nach sich ziehen. Traurig wird der Körper, wenn man ihm Vitamine B_6 vorenthält, und er reagiert ob dieser Vernachlässigung niedergeschlagen mit Depressionen.

Ohne Vitamine läuft nichts

Vitamin B_1 und Vitamin B_2 sind mit dabei, wenn aus den Kohlenhydraten des Kartoffelgratins (S. 94) die dringend benötigte Energie für den Körper gewonnen wird. Vitamin B_{12} und Vitamin B_6, Wachstumsvitamine, steuern den geordneten Ablauf der Zellteilung, damit Kinder groß werden, Niacin sorgt dafür, daß das Blut ungehindert durch die Adern rauscht, indem es die Verklumpung der roten Blutkörperchen unterbindet und so gegen die Arterienverkalkung angeht. Vitamin A macht die Brille überflüssig und schärft die Sehkraft. Vitamin D erledigt mit Unterstützung des hellen Sonnenscheins die Knochenarbeit, schafft das Calcium ins Gebein, auf daß dieses nicht morsch wird. Vitamin C stärkt die Immunkräfte, bewahrt vor Infektionen und mischt auch bei der Bildung von Bindegewebe, Knochen und Zähnen kräftig mit.

Dies sind nur wenige Beispiele aus dem komplizierten und hochspezialisierten Arbeitsalltag einiger Vitamine. Jedes Vitamin erfüllt zahlreiche, unersetzliche Aufgaben, und ist für deren erfolgreiche Durchführung vom Vorhandensein anderer Vitamine abhängig. Alle Wirkungen der Vitamine sind noch nicht bekannt. Nach neuesten Forschungen helfen die Vitamine C, A, E mit, verschiedene Formen von Krebs zu verhindern.

Vitamine, am besten natürlich

Es wird dringend abgeraten, sofort aus Begeisterung über die wunderbare Wirkung der Vitamine in den nächsten Supermarkt zu stürmen, sich mit bunten Vitaminpräparaten einzudecken und ab jetzt Vitamine statt Bonbons zu lutschen, einige Vitamine (A, D, Niacin, B_6) zeigen bei extremer Überdosierung unangenehme Begleiterscheinungen. Eine Vitamin-Therapie zu verordnen, das ist Sache des Arztes.

Am wirkungsvollsten sind Vitamine in ihrer natürlichen Form in Obst, Gemüse, Getreide, Milchprodukten und Eiern. In diesen ursprünglichen Quellen kommt ein Vitamin nie allein vor, sondern immer in Gesellschaft mit anderen. Wie die fleißigen Ameisen leben Vitamine im Verbund. Dementsprechend braucht der menschliche Organismus alle Vitamine in bestimmten Mengenverhältnissen, damit sie ihre ineinander verflochtenen Aufgaben erledigen können.

Kein industriell produziertes Vitaminpräparat kann in seiner Zusammensetzung die Natur vollkommen nachbilden, und damit auch nicht alle Wirkungen der Vitamine garantieren. Das gleiche gilt für Lebensmittel, die bei ihrer Herstellung der meisten natürlichen Vitamine beraubt wurden, und welchen nachträglich künstlich erzeugte Vitamine zugefügt wurden.

Vitamine in Höchstform

Frisch gepreßte Säfte, Salate mit knackigen Blättchen und rohen Gemüsen, sanft gegarte Speisen und viel Obst zum Dessert, die schlanke vegetarische Küche bringt die Vitamine in ihrer Höchstform auf den Tisch.

Vitamin-Menü

Trauben-Melonen-Saft (S. 37)
•
Kunterbunter Sommersalat (S. 48)
•
Gemüsetopf »Napoli« (S. 59)
•
Grüner Spargel und weißer Spargel und junge Erbsen in glänzender Zitronensoße (S. 85)
Naturreis
•
Exotischer Obstsalat mit frischen Datteln (S. 120)

Zucker, der Vitamin-Schmarotzer

Zucker benötigt zu seiner Verdauung das wichtige Vitamin B_1. Und je mehr Zucker verspeist wird, um so mehr Vitamin B_1 ist erforderlich. Nun ist der Zucker aber nicht so aufmerksam, daß er das zu seiner Verdauung erforderliche Vitamin B_1 als Gastgeschenk mitbringt. Denn der süße Zucker, der für die Ernährung des Menschen im übrigen nicht notwendig ist, liefert nur leere Kalorien und keine Vitamine und Mineralstoffe. Das zu seiner Verdauung notwendige Vitamin B_1 holt sich der Zucker rücksichtslos aus anderen Lebensmitteln, die viel Vitamin B_1 enthalten, wie Vollkornbrot, Kartoffeln und Hülsenfrüchte. Der überflüssige Zucker wird also auf Kosten von Nahrungsmitteln, die dem Organismus lebensnotwendige Stoffe liefern, verdaut. Auch der braune Zucker, obwohl er diesen gesunden, naturbelassenen Eindruck macht, ist nicht viel besser als sein strahlend weißes Pendant. Brauner Zucker entsteht als Zwischenprodukt bei der Herstellung von weißem Zucker und enthält nur unbedeutende Mengen an Vitaminen und Mineralstoffen. Und damit auch bei weitem nicht genug Vitamin B_1 zu seinem eigenen Abbau im Körper.

VON FRAUEN, KINDERN UND MÄNNERN, ODER WAS HABEN KARTOFFELN MIT EINER PUPPE ZU TUN

Nach dem Sündenfall

Als Eva und Adam erschaffen wurden, aus Rippe oder Lehm, aus was auch immer, gab es kein Idealgewicht und das erste Kleidungsstück, das Feigenblatt, hatte bestimmt nicht Größe 36. Paradiesische Zustände herrschten, das Leben war nur Lust und Wonne und beide gefielen sich ohne Wenn und Aber, gerade so wie sie aussahen. Da nahm alles Übel mit der ersten Diät der Menschheitsgeschichte seinen Anfang: es war die berüchtigte Apfelkur, mit ihr endete der ungetrübte Spaß am Dasein, von nun an wurde das Essen zum Problem.

Im Vergleich mit anderen Epochen, in denen sich das Problem Essen als krasser Mangel darstellte, sind wir heute in einer glücklichen Situation. Wir haben mehr als genug und wissen gar nicht, was wir zuerst essen sollen. Aber, verstehe einer die Menschen, seltsame Wesen allesamt, genau dieser Überfluß ist der Grund für große Schwierigkeiten, die ganze Bevölkerungsgruppen erfassen und in tiefes, persönliches Unglück stürzen.

Mehr als die Hälfte aller Frauen, ein Fünftel der Männer, bereits Teenager und Kinder finden sich zu dick, sind höchst unzufrieden mit ihrer Figur und wollen abnehmen. Sie scheuen keine Opfer, schließen tapfer die Augen vor all den köstlichen, eßbaren Verlockungen rund um sich (manchmal zwinkern sie noch), nehmen, aller Essensfreude entsagend, Entbehrungen auf sich, setzen die Gesundheit, ja manchmal sogar das Leben aufs Spiel, um ihr Traumgewicht und damit ihre Idealfigur hungernd zu erringen.

Das Ideal ist die superschlanke, sportlich geformte Figur mit Wespentaille und Superbusen oder schmalen Hüften und breiten Schultern. Ein Abbild davon in Plastik gibt es in jedem Kaufhaus: Barbie und Ken. Barbie und Ken, oder Eva und Adam nach dem Sündenfall sind ewig jung, erfolgreich, sportlich, dynamisch, attraktiv und – trotz all dem Streß – ständig glücklich lächelnd.

Dünne Frauen, starke Männer

Obwohl das Streben nach dem schlanken Körper auch zunehmend das Verhalten der Männer bestimmt, hat Essen für Frauen und Männer eine unterschiedliche Bedeutung. Das fängt damit an, daß für Frauen mit dem Essen in der Regel Arbeit verbunden ist, denn selbst, wenn Frauen berufstätig sind, ist Einkaufen, Kochen und Abwaschen immer noch ganz selbstverständlich und unbestritten ihr Ressort.

Der erste Gedanke, wenn Frauen sich mit Essen beschäftigen, ist darum im Alltag »Was macht die wenigste Arbeit« und nicht »auf was hätte ich heute die größte Lust«.

Der zweite Gedanke folgt sofort: »Was schmeckt meinen Liebsten?«, denn Frauen kochen in erster Linie nicht für sich, sondern für im Essen stochernde Kinder und einen kritischen Mann. Und diese sollen nicht nur zufrieden sein, sondern auch gesund ernährt. Die Wirklichkeit könnte zur Abwechslung auch anders aussehen, es ist eine Frage der persönlichen Entscheidung: »Heute gibt's italienischen Gemüsetopf und wenn es euch nicht paßt, könnt ihr Spiegeleier braten.«

Stellen sich Männer an den Herd, so überwiegen andere Gründe. Wenn überhaupt, dann betreten in einer Partnerschaft lebende Männer die Küche vorwiegend nur am Wochenende oder an Feiertagen in der Absicht, einen neuen Beweis ihrer unübertroffenen Genialität am Kochtopf zu liefern und genau das wunderbare Menü zu kochen, auf das sie schon die ganze Woche Appetit gehabt haben.

»Warum wird gegessen?«, auch bei dieser Frage macht sich der kleine Unterschied deutlich bemerkbar. Es ist nicht nur der Hunger, der das Signal gibt, wieder einmal Messer und Gabel zur Hand zu nehmen. Frauen essen, oder besser gesagt essen nicht, weil sie sich vom Dünnersein ihre Idealfigur und dadurch mehr Attraktivität versprechen. Männer essen, um Kraft und Dynamik zu tanken. Frauen bevorzugen kalorienarme Lebensmittel, die wenig Energie liefern – Magerquark und

Mineralwasser zum Mittagessen im Büro. Männer würden am liebsten ab und zu ein kräftiges Stück Fleisch vom eigenhändig erlegten Bären verschlingen, um sich dessen Überlegenheit und Potenz einzuverleiben. Andererseits können sie es aber kaum erwarten, daß zum Dessert der Vanillepudding mit Himbeersoße aufgetischt wird.

Frauen hungern sich durch eine einseitige, auf Abnehmen ausgerichtete Ernährung zum schwachen Geschlecht, werden nicht anziehend schlank, sondern dürr und mager, und verlieren mit den Pfunden auch Gesundheit und Vitalität.

Männer können ihr Ziel stark und leistungsfähig zu sein, mit einer gesteigerten »Fleischeslust« genausowenig verwirklichen. Der Mythos, daß Fleisch gigantische Kräfte verleiht, stammt aus den Heldensagen und wurde längst von vegetarisch essenden Hochleistungssportlern widerlegt.

Eine Chance für Kinder

Kinder, wenn sie noch ganz klein sind, haben die große Chance, nur das zu essen, was sie wirklich wollen und brauchen, ungetrübt davon, ob sie Mädchen oder Buben sind. Voraussetzung für dieses Glück, nach eigenen Bedürfnissen die Freude am Essen zu entdecken, ist, daß die Erwachsenen es erlauben und unterstützen, indem sie Kindern nur hochwertiges Essen anbieten. Künstlich aromatisierte Kinderjoghurts, zuckersüße Babytees, salzig fette Chips und überwürzte Fertigprodukte sind kaum geeignet, einen differenzierten Geschmack für gutes, bekömmliches Essen zu entwickeln.

Für Kinder gilt wie für Erwachsene: Frisches und Naturbelassenes gehört auf den Speiseplan. Denn schon im Kleinkindesalter werden die Weichen gestellt für lebenslanges Eßverhalten, dafür, ob jemand ein Genießer wird, der verspeist, was ihm schmeckt und guttut.

Am liebsten mögen kleine Kinder unkomplizierte, übersichtliche Gerichte wie Vollkornnudeln mit Tomatensoße, ein einfaches Gemüsegericht, dekorativ kleingeschnittene Karotten und Gurken zum Butterbrot. Kinder entwickeln langsam ihren Geschmack, man sollte sie nicht dazu zwingen zu essen, was sie nicht mögen. Eine Extraportion Nudeln ist schnell gekocht und nur gerechtfertigt angesichts der Tatsache, daß kein Erwachsener unter Tränen ein Essen hinunterwürgen würde, das ihm vollkommen widerstrebt.

Eine andere Unsitte, mit der schon frühzeitig das innere Hunger- und Sättigungsgefühl der Kinder gestört wird, ist die alte Masche, an die Fürsorglichkeit der Kinder zu appellieren. Wer hat es noch nicht widerwillig geschluckt, das Löffelchen für Mama, Opa, den Elefanten im Zoo und die Tante.

Mama, Opa, der Elefant im Zoo und die Tante sollen selbst essen, wenn sie Hunger haben!

Auch die Kindespflicht, den Teller leer zu essen, macht anfällig für Übergewicht im Erwachsenenalter. Unter diesem Blickwinkel wird der seit Generationen geschmähte Suppenkaspar mit seinem wutentbrannten »Nein, meine Suppe eß ich nicht!« zu einem Vorbild für selbstbestimmtes, kindliches Eßverhalten, das die Voraussetzung ist für ein späteres Schlemmen ohne Reue.

Aber der Zustand des unbekümmerten Essens dauert nicht lange, die Erwachsenenwelt färbt ab auf die Essensvorlieben der Jüngsten. Immer früher beginnen Mädchen damit, Diät zu halten, schon 9jährige Mädchen fürchten um die Figur, und Buben wissen, daß man essen muß, um stark zu sein. Vor kurzem stellte sich ein Junge vor mich hin, zeigte mir stolz seinen Bizeps und verkündete: »Ich muß mehr essen, damit meine Muskulierung wächst.«

Essen und Sinnlichkeit

»Ich kann mich nicht leiden.« Diese deprimierende Feststellung wurde bei einer Untersuchung von Frauen und Männern als häufigster Grund für permanente Abnehmversuche genannt. Noch deprimierender wird die Angelegenheit allerdings, schaut man langfristig die niederschmetternden Ergebnisse dieser freiwillig erlittenen Entbehrungen an: Das Streben nach Schönheit und Schlankheit endet in immer neuen Enttäuschungen. Denn ein kritischer Blick in den Spiegel zeigt trotz aller Anstrengung nicht den strahlenden Typ aus der Werbung, sondern ein Häufchen Elend, krank und mager, oder dicker als je zuvor. Das bereits schwer angeknackste Selbstbewußtsein erhält einen neuen Riß und die Selbstverachtung steigt.

Als Rettung, um doch noch so schön zu werden, wie man sowieso nie sein kann, denn wer wird je aussehen wie ein Fotomodell, an dessen Makellosigkeit Stunden gearbeitet wurde und über dessen Schwächen eine geschickte Beleuchtung hinwegsehen läßt, wird die nächste Diät in Angriff genommen. Eine absurde Situation, um das Unerreichbare zu erreichen, wird ein Mittel eingesetzt, das sich bereits als zwecklos erwiesen hat. Eine Sackgasse mit einer dicken Mauer am Ende, vor der die Unglücklichen im Kreis taumeln!

Wie aus der Sackgasse, gibt es auch aus dieser nur einen angenehmen Ausweg, man bleibt stehn, dreht sich um und spaziert in die entgegengesetzte Richtung hinaus.

Die entgegengesetzte Richtung von Selbstkasteiung, Einschränkung und nie endendem Frust kann aber nur heißen: Mehr Genuß und Lebensfreude!

Das Begehrtwerden, nach dem sich verständlicherweise alle Welt sehnt, hat nichts mit 5 Kilo mehr oder weniger zu tun. Sinnliche Ausstrahlung macht begehrenswert. Viel Sinnlichkeit bleibt aber nicht übrig, wenn man nur noch aus Haut und Knochen besteht, sämtliche Energie darauf verschwendet, nicht zuzunehmen und dadurch die Lust am Essen vollkommen zerstört.

Mit Genuß essen ist die reine Lebensfreude, und wer keinen Spaß am Essen haben kann, gerät auch in Schwierigkeiten mit den sonstigen Genüssen des Lebens. Geht man davon aus, daß die ganze Misere mit den Diäten dazu dienen soll, anziehend auf das andere Geschlecht zu wirken, so wird genau das Gegenteil davon erreicht.

Ständiges Diät halten bedeutet, dem Leben zu entsagen. Essen ist ein so elementares Bedürfnis, daß sich eine Störung dabei auch auf einen anderen elementaren Lebensbereich, die Sexualität, auswirken muß. Ununterbrochene Askese schlägt aufs Gemüt und die ständige Unterversorgung verdirbt dem Körper den Spaß an der Freude.

Werfen Sie das Büßergewand in die Ecke oder zerschneiden Sie es, und wischen Sie damit die letzten Ängste weg!

Der neue Trend heißt: Sich selbst verwöhnen, damit man gemeinsam mehr Spaß hat.

Nehmen Sie Platz, der Tisch ist mit glänzendem Damast gedeckt, in Kristalleuchtern brennen hell die Kerzen, spiegeln sich in dünnen, hochstieligen Gläsern. Serviert wird, wie könnte es anders sein in dieser festlichen Stunde, auf Elfenbein-Porzellan mit leicht geschwungenem Goldrand ein Menü, das die Geschmacksnerven in Begeisterung versetzt:

Tomatensaft (S. 36)

•

Spinat-Ricotta-Bällchen im Paprikaschiffchen (S. 40)

•

Kerbelcremesuppe mit Frühlingsgemüse (S. 60)

•

Eichblattsalat mit gebratenen Austernpilzen und Croûtons (S. 53)
Spinat-Schafskäse-Pastete (S. 106)
Vollkornbaguette

•

Pfirsich-Joghurt-Eis (S. 125)

Nach dem Essen, Slow-Food in Vollendung, denn nicht nur der Geschmack, auch das Ambiente stimmt, fühlen Sie sich leicht und trotzdem energiegeladen gestärkt. Sie könnten die ganze Welt umarmen, am einfachsten Sie fangen damit beim Tischnachbarn an.

Die natürliche Belebung der Sinne: Von der anregenden Wirkung vieler Pflänzchen

Geheimnisvolle Wundermittel, welche Liebeslust und Liebeskraft steigern, sind seit Jahrtausenden sehnlichst begehrt und die Suche nach wirkungsvollen Aphrodisiaka und dem sinnenbetörenden Mahl geht auch im vernunftbetonten Zeitalter der Microchips weiter.

Selbstverständlich können Sie bei Vollmond in den nächstgelegenen Wald mit tausendjährigen Eichen wandern, Schlag Mitternacht um die dreizehnte Eiche am östlichen Waldrand sieben Kreise drehen, und wenn die Venus vom klaren Himmel herunterblinkt, unterm feuchten Moos nach der Alraune graben.

Es geht aber auch unkomplizierter, verbringen sie die Vollmondnacht entspannt in Ihrem Bett, denn die Zutatenliste der aphrodisischen Küche mit ihren verführerischen Rezepten liest sich wie der Einkaufszettel für das Kochbuch, welches Sie gerade in der Hand haben:

Spargel, Sellerie, Artischocken, Pflaumen, Avocados, Aprikosen, Walnüsse, Granatäpfel, Sesam, Zwiebeln, Oregano, Thymian, Pinien und Mandeln. Ein harmloser Marktbummel gerät so unversehens zur Vorbereitung ekstatischen Liebestaumels. (Ich habe mich schon immer gewundert, warum am Nachmittag die Gemüsegeschäfte so voll sind.)

Basilikum soll die Sinnlichkeit fördern, Tomaten, Auberginen und Paprika, Nachtschattengewächse allesamt, das befeuern, was auch im hellen Sonnenschein stattfinden kann, Minze, Pfirsiche, Fenchel, Zimt und Kichererbsen genießen den Ruf, Männer zu unwiderstehlichen Liebhabern aufzurichten, und Knoblauch kräftigt und stärkt beide Geschlechter bis ins hohe Alter.

Lüftet man, soweit das angesichts aller Verheißungen noch möglich ist, mit kühlem Kopf den rosaroten Schleier, der über diesen Zauberpflanzen liegt, die noch vor kurzem, alltägliche Obst- und Gemüsesorten, Nüsse, Kräuter und Gewürze waren, so trifft man gute Bekannte wieder: Vitamine und Mineralstoffe.

Der rastlos nach stimulierenden Wundermitteln Forschende wird bei den Empfehlungen zur gesunden Ernährung fündig – ernüchternd aber wirkungsvoll. Für unverbesserliche Romantiker können Sie dieses Buch in einem Eichenwald vergraben!

Was den ganzen Körper gesund und fit hält, eine vollwertige Ernährung mit ihrer ausgewogenen Nährstoffzufuhr, reichlich Ballaststoffen, üppig Vitaminen und Mineralstoffen fördert auch sexuelle Lust und Aktivität. Umgekehrt schmälert ein Mangel an diesen lebenswichtigen Stoffen nicht nur die Vitalität, führt zu körperlicher Schwächung und langfristig zu ernährungsbedingten Krankheiten, sondern verringert auch sinnliches Begehren und ruft ernsthafte sexuelle Störungen hervor. Ohne das Alphabet der Vitamine A, B, C, D, E wäre das Kamasutra nicht geschrieben worden.

Das Signal für Hunger, Durst und sexuelle Lust

kommt von ein und derselben Schaltstelle im Zwischenhirn, dem Hypothalamus. Das theoretische Wissen darüber sollten wir ohne zu zögern in eine befriedigende Praxis umsetzen und uns den beflügelnden Genüssen des gesunden Essens hingeben.

Rohe, raffiniert gewürzte Speisen sind leicht verdaulich und unbelastet von lähmendem Fett. Schwere, gebratene Gerichte verurteilen alle Körperkräfte zur Verdauungsarbeit und angenehmere Unternehmungen bleiben auf der Strecke. Die Vorstellung ist grausam, sie haben das Objekt ihrer Begierde zum Essen eingeladen, leider zu fett gekocht, jetzt fühlen sie sich wie der große böse Wolf, der vor dem Einschlummern erstaunt brummt: »Was rumpelt und pumpelt in meinem Bauch!« Der großen bösen Wölfin wird's nicht besser ergehn.

Gemüse, Obst und Kräuter offerieren frisch zubereitet und nicht erhitzt die meisten aufbauenden Stoffe.

Rohe Salate, Säfte und Fruchtdesserts halten die Lust am Köcheln. Karotten-Ananas-Salat mit Mandeln, Sprossensalat mit Kräuterdressing, Obstsalat mit Datteln, Aprikosen-Orangen-Flip, mit dieser geballten Ladung Pep sind Sie gestärkt für aufbauende, erotische Erlebnisse.

Einige Pflanzen enthalten die lustfördernden Stoffe in potenzierter Form. Nahrungsmitteln aus den Tiefen des Meeres, dem Ursprung allen Lebens, wird eine besondere Stärkung des Begehrens und der Liebeskraft nachgesagt. Was liegt da näher als Gemüse aus dem Meer zu verspeisen. Würzige Meeresalgen enthalten ein Vielfaches mehr an Vitaminen und Mineralstoffen als unser gewohntes Landgemüse.

Japanische Misosuppe mit Norialgen (S. 69) oder der grün-rote Salat mit Meeresschätzen (S. 52) machen diese reiche Quelle der Anregungen schmackhaft.

In frisch gezüchteten Sprossen konzentrieren sich die lustfördernden vitalen Winzlinge. Eine halbe Tasse Alfalfasprossen (Luzernensprossen) wartet mit ebensoviel Vitamin C auf wie 6 Gläser Orangensaft, Weizenkeime produzieren Mengen an Vitamin E, und im Hafer, dem Temperament versprühenden Körnchen, wächst mit dem Keim auch die Konzentration von A, B, C und E Vitaminen.

Eines ist klar, wenn die große Leidenschaft ausbricht, verliert das Essen seine Bedeutung, dann genügt auch Wasser und ein Butterbrot, um sich vor der vollkommenen Entkräftung zu bewahren. Aber diesen Rausch der Sinne gewährt Aphrodite, die Göttin der Liebe, nicht jeden Tag.

Zur Inspiration für anregende Stunden ein leichtes, feines Menü, das ohne viel Aufwand schnell zubereitet ist. Denn auch zu viel Kochen macht müde.

Artischocken mit Kräuter-Kapern-Vinaigrette (S. 80)
•
Salat »Isla Mexicana« mit Avocado und rosa Grapefruit (S. 52)
•
Spargel mit Champignon-Soße (S. 81)
•
Sellerie-Kartoffel-Püree mit Dill (S. 93)
•
Erdbeercreme (S. 121)
•
Himbeer-Pfirsich-Mix mit Rosenwasser (S. 37)

Himbeer-Pfirsich-Mix mit Rosenwasser (Rezept Seite 37)

Für umsichtig Vorausplanende, die sich nicht von plötzlich auftretendem, heftigen Hunger überraschen lassen wollen, ein kleines Menü, das fix und fertig vorbereitet im Kühlschrank auf seine Stunde wartet, und wenn notwendig, schnell serviert ist. Der Salat wird erst kurz vor dem Auftragen mit dem Dressing vermischt und die üppige Gemüsesuppe, die von frisch geriebenem Parmesan begleitet sein darf, läßt sich ohne Geschmackseinbuße rasch aufwärmen.

Paprikacreme auf Vollkorncrackern
•
Feldsalat mit Sprossen, Walnüssen und Orangen
•
Florentiner Bohnen-Gemüsetopf
•
Salat von Trauben, Melonen und Pfirsichen mit orientalischer Soße

So bleiben Vitamine und Mineralstoffe erhalten

Einkauf

Schlank und gesund kochen, ist auch die Kunst, Obst und Gemüse mit einem maximalen Gehalt an Vitaminen und Mineralstoffen auf den Tisch zu bringen. Schlankes und gesundes Kochen fängt darum schon beim Einkauf an.

Vitamine sind zarte Geschöpfe und ein Teil der kostbaren Vitamine, die im Gemüse sitzen, überstehen weite Transportwege und lange Lagerung nicht. Je schneller nach der Ernte das Gemüse verspeist wird, um so mehr Vitamine enthält es noch. Am vitaminreichsten sind duftende Himbeeren vom Strauch in den Mund gepflückt oder runde, rote Radieschen mit einem Ruck aus dem warmem Sommerboden gezogen, abgewaschen und sofort geknabbert. Nur die wenigsten bearbeiten einen eigenen Garten und können diese Erntefreuden pur erleben, aber ein gut sortiertes Gemüsegeschäft ist sicher in Ihrer Nähe, und immer mehr Bauern und Gärtner aus der Umgebung der Städte verkaufen frisch geerntete Produkte aus biologischem Anbau direkt auf dem nächstgelegenen Markt.

Ein wachsames Auge ist angesagt beim Gemüsekauf. Lassen Sie sich nicht mit Ladenhütern abspeisen, die schon Tage auf Kunden gewartet haben und jetzt ohne Hoffnung schlapp die Blätter hängen lassen. Wählen Sie immer nur frisches Gemüse, und ändern Sie flexibel den Menüplan, statt Gratin aus welkem Mangold gibt es eben eine Gemüsepfanne mit saftigen Zucchini und prallen Champignons. Halten Sie Ihre Kritik über Angebot und Qualität nicht zurück, wenn Sie Ihre Bedürfnisse nicht äußern und gegebenenfalls einmal unter Protest ein Geschäft verlassen, wird sich nichts ändern.

Heimisches Gemüse, das dem natürlichen Kreislauf entsprechend reif geerntet wird, hat einen höheren Vitamingehalt und ein intensiveres Aroma als Gemüse, das wegen der großen Entfernungen zu früh in Kisten verpackt wurde.

Einen weiteren riesigen Vorteil bietet im Sommer geerntetes Open-Air-Gemüse aus nächster Nähe: Es ist weniger mit Schadstoffen belastet als hochgepäppelte Treibhauspflänzchen, da mit steigender Sonneneinwirkung der Nitratgehalt im Gemüse sinkt.

Für die tägliche Kochpraxis bedeutet es, daß, für manche ist es vielleicht eine Überraschung, außerhalb der Saison Spinat aus der Tiefkühltruhe zu empfehlen ist. Im Sommer zu seiner besten Zeit geerntet, enthält der tiefgekühlte weniger Nitrat. Und da der Spinat, wie ein grünes Dornröschen, gleich nach dem Abschneiden in den Kälteschlaf versetzt wurde, hatten die Vitamine keine Zeit, sich zu verflüchtigen.

In allen Rezepten, die anstelle des frischen auch tiefgekühlten Spinat vertragen, wird dies angemerkt. Vorzügliche Winteressen sind das Spinatrisotto (S. 97) und die Spinat-Knoblauch-Suppe (S. 64).

Waschen und Putzen

Was mit dem Einkauf begann, setzt sich beim Waschen und Putzen fort. Vitamine und Mineralstoffe müssen gehütet werden, sie befinden sich ständig auf der Flucht. Gemüse und Obst darf nur kurz gewaschen werden, denn bleibt es im Wasser liegen, schwimmen Vitamine und Mineralstoffe davon und landen im Abguß statt auf dem Teller. Zurückhaltung ist auch beim Putzen angesagt, hier gilt er wirklich, der Satz, »weniger ist mehr«, je weniger weggeschnitten wird, um so mehr wichtige Nährstoffe bleiben erhalten.

Das fertig vorbereitete Gemüse muß möglichst schnell in den Kochtopf wandern, denn auch Wartezeiten kosten Vitamine. Der Sauerstoff der Luft lauert nur darauf, sich auf die Vitamine zu stürzen und mit ihnen unpassende Verbindungen einzugehen, welche sie für den Menschen nutzlos machen.

Schonende Garmethode

Wenn Sie das Gemüse schnell gewaschen und schonend geputzt haben, dann sollten Sie die Mühe nicht mit rabiaten Kochmethoden zunichte machen.

Vitamine sind hitzeempfindlich, und je länger Gemüse gekocht wird, um so weniger Vitamine enthält es, Gemüse kann im wahrsten Sinne des Wortes »totgekocht« werden.

Minimale Kochzeiten schonen aber nicht nur die Vitamine. Knackiges Gemüse mit leichtem Biß schmeckt besser, und durch die kurzen Garzeiten werden Gemüsegerichte zu Schnellgerichten, die im Handumdrehen zubereitet sind.

Die sicherste Art, möglichst wenig Vitamine und Mineralstoffe zu erhalten, ist, Gemüse im Salzwasser zu kochen und anschließend das Kochwasser wegzuschütten. Sie essen dann die sichtbaren, ausgelaugten Karotten und die unsichtbaren, lebenswichtigen Stoffe landen in der Kanalisation. Flüssigkeit gehört nur ans Gemüse, wenn sie mitverspeist wird, wie bei Suppen und Eintöpfen oder in kleinsten Mengen an gedünstetes Gemüse. Aber auch zu langes Warmhalten des gehaltvollen Süppchens führt zu Vitaminverlusten. Besser, gleich abkühlen lassen, und bei neuem Hunger kurz erwärmen.

Garen über Wasserdampf

Die schonenste Art, Gemüse zu kochen, ist das Garen in einem Siebeinsatz über Wasserdampf. (Nicht zu verwechseln mit dem Kochen unter Druck im Schnellkochtopf.) In fettfrei gedämpftem Gemüse bleiben Vitamine und Mineralstoffe optimal erhalten und das Gemüse behält seinen Eigengeschmack, auch wenn mehrere Sorten miteinander zubereitet werden. Für das Garen über Wasserdampf eignen sich alle Gemüsesorten außer Auberginen, sie schmecken fad.

Ausgefallenes Zubehör brauchen Sie nicht für diese sanfte Kochmethode, ein Metallsieb und ein Topf mit gutschließendem Deckel genügen. Wenn Sie das Dämpfen fest in Ihr Kochrepertoire einbauen, gibt es praktische und preiswerte Geräte. Ein Metallsieb, das sich fächerförmig entfaltet und so jeder Topfgröße anpaßt und spezielle Dampftöpfe mit mehreren Aufsätzen. Diese Topftürme gibt es in asiatischen Lebensmittel- und Küchenzubehörgeschäften. Sie erinnern an die uralten, aus der Mode gekommenen Kartoffel-Dämpfer unserer Großmütter. Greifen Sie zu, wenn Sie beim Trödler so ein gutes Stück sehen.

Unter Rühren braten im Wok

Ideal, um Gemüse knackig frisch, aromatisch und farbenfroh auf den Tisch zu bringen, ist die chinesische Kochmethode: das unter Rühren braten im Wok. Wok-Gerichte sind schlanke Gerichte. Dank der kleinen Grundfläche des Woks genügen 2 EL Öl für ein üppig bemessenes Gemüsegericht für 4 Personen. Die Garzeit beträgt knapp 10 Minuten! Das Kochen im Wok ermöglicht die phantasievollsten Gemüsekombinationen und ist auch hervorragend dazu geeignet, aus verschiedenen kleinen Gemüseresten wohlschmeckende Gerichte zu kreieren.

Der traditionelle Wok mit rundem Boden ist nur für das Kochen auf offener Flamme gedacht. Woks mit flachem Boden wurden für das Kochen auf dem Elektroherd entwickelt. Empfehlenswert, weil unproblematisch zu handhaben, sind Woks aus Edelstahl oder Gußeisen. Die oft in Sonderangeboten angepriesenen Eisenwoks erfordern viel Pflege und häufigen Gebrauch, damit die Gemüsegerichte nicht einen penetranten Metallgeschmack annehmen und sich gräulich verfärben. Ein Wok von guter Qualität ist eine Anschaffung fürs Leben. Auch wenn die chinesische Pfanne etwas mehr kostet, die köstlichen Gerichte daraus sind die Investition wert.

Dünsten

In wenig Fett kurz angebraten und im geschlossenen Topf, im eigenen Saft oder mit wenig Flüssigkeit bei niederer Temperatur gegart, das langsame Dünsten erfordert einen schweren Topf mit dickem, gleichmäßig wärmeleitendem Boden. Die mäßige Hitzezufuhr schont die Vitamine, und die Mineralstoffe werden in der Soße mitgegessen. Damit das Dünsten richtig klappt, muß der Topfdeckel gut abschließen, damit nur minimal Flüssigkeit verdampfen und der aggressive Sauerstoff nicht in den Topf kriechen kann, denn auch im Topf stürzt er sich auf die Vitamine.

Der perfekte Schnitt – von der Kunst, Gemüse richtig klein zu kriegen

Der gewünschte Erfolg der sanften Garmethoden: maximaler Vitamin- und Mineralstoffgehalt bei optimalem kulinarischem Genuß wird nur erreicht, wenn das Gemüse richtig geschnitten ist. Wie entscheidend das sorgfältige, gleichmäßige Kleinschneiden der verschiedensten Gemüsesorten für das Gelingen eines Rezepts ist, wird oft unterschätzt, diese Erfahrung habe ich auch vielfach in meinen Kochkursen gemacht.

Die Garzeit für ein Gemüsegericht aus dem Wok, Dampf- oder Dünsttopf beträgt nicht mehr als 8–12 Minuten. Alle Gemüse müssen darum so fein geschnitten sein, daß sie in dieser kurzen Zeit den erstrebenswerten Zustand »weich mit Biß« erreichen können.

Jedes Gemüse hat einen anderen Charakter, es ist Wurzel, Blatt oder Frucht, dazu hart oder weich. Harte, feste Gemüse, Karotten, Sellerie und Kartoffeln erfordern den meisten Schneideeinsatz, nicht dicker als 5 mm sollen die Scheiben sein. Zucchini treten üppiger auf, bis zu 2 cm breit. Pilze werden je nach Größe halbiert oder geviertelt, der Porree erscheint in 1–2 cm breiten Streifen, Blumenkohl und Brokkoli kommen in mundgerechten Röschen und Spinat als ganzes, unversehrtes Blatt in den Topf.

Damit die schlanken Gemüsegerichte gelingen und die Essenslust nicht vom Kochfrust gestört wird, ist bei jedem Rezept die Größe der Gemüsestückchen angegeben.

Gleichmäßig klein geschnittenes Gemüse ist mehr als nur die Voraussetzung für sanftes Kochen. Formschön geschnittene Gemüsestückchen sind auch ein Genuß fürs Auge, das einfachste Gericht wird durch sie zum Eß-Erlebnis.

Zur wahren Meisterschaft hat die asiatische Küche das Gemüseschneiden entwickelt. Karottenblüten, hauchdünne Rettichblätter, Gurkenfächer, elegante Zucchinisplitter. Wenn Sie an einem verregneten Novembertag viel Muße zum Kochen haben, oder mit Freunden zur Entspannung ein großartiges Menü zubereiten, sollten Sie die Gelegenheit nutzen und sich dieser wohlschmeckenden Kunst hingeben.

Perfekt schneiden ohne ein scharfes Messer ist nicht möglich. Mit einem stumpfen Messer wird Gemüseschneiden zur Qual und zur Gefahr für Ihre Finger. Vermiesen Sie sich die neue, schlanke Küche nicht mit einem alten, schlechten Messer. Jedes Handwerk braucht das entsprechende Werkzeug und ein gutes Messer gehört zur Grundausstattung jeder Küche, auch wenn sie nur aus einer Kochnische besteht.

Sogar wenn ich verreise, und vermute, daß ich unterwegs für Freunde oder die Familie koche, nehme ich mein Messer mit. Gute Messer sind nicht billig, aber was für Kochtöpfe stimmt, kann für Messer nicht falsch sein. Qualität lohnt sich. Empfehlenswert sind japanische Gemüsemesser. Die asiatische Küche mit ihrer Tradition des perfekten Schneidens hat auch die entsprechenden Messer dafür.

Brokkoli, Pilze und Tomaten
(Rezept Seite 74)

Gut gewürzt ist halb gekocht: Für jede Speise ist ein Kraut gewachsen

Die schlanke, vegetarische Küche lebt davon, daß Kräuter und auch Gewürze zu ihrem duftenden Einsatz kommen. In der traditionellen Küche ist das Fett der wichtigste Aromaträger, dursterregend verstärkt von viel zuviel Salz, das den Blutdruck in die Höhe treiben kann. Die schlanke, vegetarische Küche greift mit leichter Hand in ein reich bestücktes Gewürzregal, erntet üppig frische Kräuter, läßt auch Knoblauch, Ingwer und Zitrone nicht aus und serviert immer neue, angenehm überraschende Gerichte, die zufrieden satt aber nicht drückend voll machen.

Kräuter sind grüne Schätze, die das einfachste Gericht in eine kleine Köstlichkeit verwandeln. Jeden Sommer begeistern sie aufs neue, reife Tomaten mit ein paar Tropfen dunkelgrünem Olivenöl und frischem Basilikum, dazu auf knusprigem Vollkornbaguette hausgemachter Frischkäse aus Joghurt, pikant gewürzt mit feingehacktem Thymian, Oregano und Knoblauch.

Auf die richtige Dosierung kommt es an, Kräuter bringen Leben in die Küche. Ein Hauch Liebstöckel, das klassische Suppenkräutlein rundet die Kartoffel-Brokkoli-Cremesuppe ab; einige Blättchen prickelnde Pfefferminze erfrischen eine duftige Spinat-Schafskäse-Pastete. Zartfiedrige Korianderblättchen mit ihrem eigenwilligen Geschmack über die chinesische Gemüsepfanne mit Kokos-Ananas-Soße gestreut, geben den original fernöstlichen Pfiff.

Kohlrabi in Estragonsoße, Rote Rüben Suppe »Deep Purple« mit Dillcreme, indischer Tomatensalat mit schwarzen Senfkörnern und Minze, die Suppe aus jungem Frühlingsgemüse mit viel Kerbel, – ein Kräutchen paßt immer, und wenn es nur unser Allrounder, die Petersilie, ist, die in vielen Soßen nicht fehlen darf und als gesunde Zugabe zum würzigen Aroma, einen überragenden Gehalt an Vitamin C hat.

Frische Kräuter und Gewürze sind nicht nur die reinen Geschmacksträger, sie wirken auch sanft auf das Wohlbefinden. Salbei, Thymian und Oregano lindern Erkältungskrankheiten; Kerbel, Majoran und Pfefferminze fördern die Verdauung und Dill beruhigt den Magen. Jedes Kräutlein, ist es auch noch so unscheinbar, fördert die Gesundheit, sei es mit reichlich Vitaminen, die den Stoffwechsel anregen und die Immunkräfte stärken oder mit wertvollen Inhaltsstoffen, die bei vielen Krankheiten heilend wirken. So setzt sich beim Würzen fort, was bei der richtigen Lebensmittelauswahl seinen Anfang genommen hat, die schlanke vegetarische Küche serviert Wohlgeschmack und Wohlbefinden harmonisch auf einem Teller.

Kräuter und Gewürze beflügeln die Kochphantasie. Es gilt nur eine kleine Regel zu beachten: Mit kleinen Prisen anfangen, nachwürzen kann man immer noch.

Ich habe eindeutige Präferenzen, was das Würzen bestimmter Gerichte betrifft. Suppen, ob klar oder gebunden, vertragen als Grundwürze meist eine Prise Piment (Nelkenpfeffer) und Muskat, oder die rundere Muskatblüte. In klare Suppen mit Gemüsestückchen kommt das Lorbeerblatt und häufig auch eine erfrischende Prise Zitronenschale. Tomatengerichte, ob Soßen, Suppen oder Gemüsetöpfe, eßbare Grüße aus dem Süden, profitieren von provençalischen Kräutern, dem Triumvirat aus Basilikum, Oregano und Thymian. Zur Abwechslung kann es ruhig auch etwas Minze sein. Cumin (Kreuzkümmel), Koriander und Chili befeuern Bohneneintöpfe und ergeben im Verbund mit Kurkuma (Gelbwurz), Zimt, Nelken und Kardamom eine angenehme Currymischung für sämige indische Gemüsegerichte, die von frischem Koriander, Zitronensaft und Schale perfekt ergänzt wird.

Erntefrisch und erst kurz vor dem Verzehr gehackt, belohnen Kräuter mit dem intensivsten Aroma. Eine eigene Zucht und sei es auch nur im Blumentopf auf der Fensterbank lohnt sich darum. Aber auch tiefgekühlt oder getrocknet bereichern Kräuter jede Speise.

Ein kleiner Vorrat an Kräutern und Gewürzen, die in gut verschlossenen, lichtundurchlässigen Gläsern einige Monate ihr Aroma bewahren, ist der beste Garant für müheloses, abwechslungsreiches Kochen, ist doch ein schneller Griff ins Gewürzregal kaum als immenser Arbeitseinsatz zu bezeichnen.

Anleitung zum Schlemmen ohne Reue oder praktische Tips wie man mit weniger Kalorien genüsslich satt wird

5 kleine Mahlzeiten, die viele ballaststoffreiche Kohlenhydrate enthalten, wie sie besonders in Vollkornbrot vorkommen, über den ganzen Tag verteilt, lassen dem Hunger keine Chance, machen Schluß mit Leistungstiefs, geben mehr Energie und Frische. Vorsicht vor stark zuckerhaltigen Nahrungsmitteln, sie sättigen nur vorübergehend und heizen dann den Appetit erst richtig an.

Wer langsam ißt, ißt weniger! Denn der natürliche Sättigungsmechanismus wird durch hastiges Essen überrumpelt, und der Magen hat keine Chance zu melden, daß er schon genug hat.

Schluß mit traditionellen Speisefolgen, sie bürden nur überflüssige Pfunde auf. Statt Aperitif mit Hochprozentigem oder schweren Vorspeisen werden schnell gemixte, fruchtige Vitamin-Drinks serviert.

Jeden Tag eine große Portion Salat aus frischen, rohen Gemüsen, liefert Vitamine und Mineralstoffe, macht satt aber nicht voll. Dazu gibt's leichte Soßen für unbeschwerten Salatgenuß.

Der erleichternde Suppeneffekt: Ein Teller Gemüsesuppe, obwohl kalorienarm, ruft bereits ein wohliges Sättigungsgefühl hervor. Vom kalorienreicheren Hauptgang wird, ohne das Gefühl sich einzuschränken, weniger gegessen.

Nudeln sind ideal für die schnelle, schlanke Küche, wenn sie anstelle von viel Käse und Sahne von viel Gemüse, kräuterwürziger Tomatensoße und wenig Käse begleitet sind.

Die magische Formel des Gemüsekochens für 4 Personen: 2 EL Öl oder Butter und 1 kg Gemüse, minimale Garzeiten, dazu nährstoffschonende Garmethoden: unter Rühren braten im Wok, Garen über Wasserdampf und Dünsten im eigenen Saft mit wenig Flüssigkeit. Wichtigste Voraussetzung für das schonende Gemüsekochen: Alle Gemüse müssen, ihrer Garzeit entsprechend, gleichmäßig klein geschnitten sein.

Bohnen, Getreide und Kartoffeln sind das Herzstück der üppigen, schlanken Küche. Sie enthalten Kohlenhydrate, Eiweiß und Fett in einem Wohlbefinden und Schlankheit fördernden Verhältnis.

Deftige, knusprige Gerichte kommen aus dem Backofen. Der große Vorteil des Backofens gegenüber der Pfanne: goldbraune Knusperkrusten backen im Ofen auch mit wenig Fett.

Der Kuchen als Leichtgericht: Obstkuchen statt Sahnetorten, Hefe- statt Blätterteig, Joghurt-Guß mit wenig Honig statt Cremeguß mit viel Zucker.

Die Lust auf Süßes nicht unterdrücken! Aber statt der üblichen Süßspeisen mit viel Zucker und Fett gibt es satte Mengen fruchtiger Desserts, die durch ihre natürliche Süße überzeugen und kaum Fett enthalten.

Nett zu sich selbst sein und Nachsicht üben! Es besteht kein Grund zur Panik und auch Selbstvorwürfe sind fehl am Platz, wenn einmal richtig fett gevöllert wurde. Zum Ausgleich dafür gibt's am nächsten Tag einen großen, köstlichen Vitamin-Drink und viel knackig, frische Salate aus Gemüse und Obst.

WOHLGESCHMACK

MIXGETRÄNKE

Die Küche, ein Saftladen!

Nicht nur zu viel und zu fett essen macht dick, auch Konventionen, die das Eßverhalten in Gesellschaft bestimmen, bürden uns überflüssige Pfunde auf. Erstaunlicherweise gibt es selbst für aufgeschlossene, kritische Menschen scheinbar unumstößliche Regeln, welche den Ablauf einer gepflegten Einladung festlegen; das spanische Hofzeremoniell der Menüfolge: So speiste schon Großpapa, und so essen wir noch heute.

Schon beim Aperitif geht's los, – kein Alkohol, ein Affront gegen sämtliche, überholten Gesetze der Gastlichkeit.

Aber was soll's, wer wird noch um der Tradition willen, hochprozentige, überflüssige Kalorien schlucken. Mittlerweile hat es sich bis zu den Cowboys im letzten Salon vor der Salzwüste herumgesprochen: »Zu viele harte Drinks machen weich im Kopf und schwammig im Gesicht!«

Kredenzen Sie zur Abwechslung ganz unbekümmert eine frisch gemixte, karibische Fruchtbowle. Ihre Gäste werden zuerst erstaunt nippen, dann das Glas in großen Zügen leeren. Und weil es köstlich schmeckt, Sommer ist, Sie lieber lange Baden gehen, als umständlich kochen, fällt in einem Aufwasch gleich die nächste Menü-Vorschrift; statt Suppe oder Vorspeise wird noch ein Schlückchen der farbenfrohen, schlanken Bowle serviert.

Kinder sind immer durstig, müssen es auch sein, denn Kinder brauchen viel Flüssigkeit, um zu gedeihen. Was liegt da näher, als die Saftbar in Schwung und die Jüngsten auf den Geschmack an der Gesundheit zu bringen.

Wer seinen Durst öfters mit einem vitaminreichen Fruchtmilchmix löscht, wird wenig Gefallen an künstlich aromatisierten, pappigen Getränken finden, die hauptsächlich Zucker enthalten. Kindliche Geschmacksnerven sind noch sensibler als die der Erwachsenen, welche schon viel runtergeschluckt haben, und sollten mit wohltuenden Genüssen gefördert werden.

Melonen-Erdbeermix, Gurken-Joghurt-Flip, Saft aus aromatischen, reifen Trauben, minutenschnell sind alle Drinks zubereitet. Die Ausstattung für den häuslichen Saftladen beschränkt sich auf einen Mixer, eine elektrische Zitruspresse, ein Sieb und einen Kochlöffel. So ausgerüstet können Sie zugreifen, wenn reifes, saftiges Obst preisgünstig angeboten wird und in vollen Zügen Wohlbefinden tanken.

Fernöstliche Tafel: Grüner und weißer Spargel, junge Erbsen und Cashewnüsse in glänzender Zitronensoße (Rezept Seite 85), Thailändische Gemüse in pikanter Ananas-Kokos-Soße (Rezept Seite 84), Aromatische Tofu-Bällchen im Wirsingblatt gedämpft (Rezept Seite 84), Dippingsoße (Rezept Seite 84)

TOMATENSAFT

Nutzen Sie den Tomatensommer richtig aus!
Endlich sind die Tomaten reif, aromatisch und billig. Ideal ist der würzige Drink statt einer Suppe, oder als morgendlicher Muntermacher nach einem Sommerfest, dann aber angefeuert von einer guten Prise Chili.

800 g Tomaten
1 EL Petersilie, fein gehackt
1 EL Kerbel oder Basilikum fein gehackt
1 EL Zitronensaft
schwarzer Pfeffer, frisch gemahlen
Salz

Tomaten im Mixer zerkleinern, durch ein Sieb streichen oder mit der »flotten Lotte« durchpassieren Mit Kräutern und Zitronensaft vermischen und abschmecken.
4 Gläser/Pro Portion: 40 kcal

GRAPEFRUIT-BANANEN-SHAKE

Lecker durch den leicht herben Geschmack der Grapefruit.

125 ml Grapefruitsaft
100 ml kaltes Wasser
1 Banane, Stücke
1 EL Honig
200 ml Buttermilch

Alle Zutaten im Mixer vermischen.
2 Gläser/Pro Portion: 130 kcal

HIMBEER-PFIRSICH-MIX MIT ROSENWASSER

(Foto Seite 26)

Der Duft von Rosen, das zarte Rot eines Sonnenaufgangs im Süden, – damit die Romantik erträglich bleibt, servieren Sie diesen verführerischen Drink auf klirrenden Eiswürfeln.

200 g Pfirsiche, kleine Stücke
200 g Himbeeren
1 EL Honig
1–2 TL Rosenwasser
Eiswürfel

Pfirsiche, Himbeeren und Honig mit 150 ml kaltem Wasser im Mixer pürieren.
Den Saft durch ein Sieb streichen, mit Rosenwasser aromatisieren, mit Eiswürfeln reichen.
2 Gläser/Pro Portion: 95 kcal

APRIKOSEN-BUTTERMILCH-DRINK

Buttermilch-Drinks, Lassies, werden in Indien zum Essen gereicht.

200 g Aprikosen, entkernt
Saft von 2 Orangen
200 g Buttermilch
1/2 EL Honig

Aprikosen mit Orangensaft im Mixer pürieren, durch ein Sieb streichen. Den Drink mit Buttermilch und Honig vermischen. Auf Eis servieren.
2 Gläser/Pro Portion: 135 kcal

KARIBISCHE FRUCHTBOWLE

(Foto Seite 19)

Ein farbenfroher Party-Drink, (nicht nur) für Autofahrer. Sorgt für Begeisterung und gesunden Durst beim Kinderfest.
Damit die Bowle richtig zur Geltung kommt, in einer Glasschüssel auftragen.

400 g Ananas, Stücke
300 ml Wasser
2 EL Honig
Saft von 4 Orangen
Saft von 1 Limone oder Zitrone
200 g Erdbeeren, geviertelt
1 Banane, dünne Scheiben
1 Kiwi, kleine Stücke

Ananas, Wasser und Honig im Mixer pürieren.
Ananas-, Orangen- und Limonensaft durch ein Sieb streichen. Erdbeeren und Banane in die Bowle rühren.
Den Drink 1 Stunde im Kühlschrank ziehen lassen. Kiwi erst kurz vor dem Servieren untermischen.
Ergibt ca. 1250 ml
Pro 150 ml: 85 kcal

ERDBEER-JOGHURT-FLIP

Die prickelnde Alternative zur Erdbeermilch.

250 g Joghurt
150 g Erdbeeren, halbiert
1 EL Honig

Alle Zutaten im Mixer pürieren.
2 Gläser/Pro Portion: 125 kcal

MELONEN-ERDBEER-MIX

Ein aufmunternder Juni-Drink, wenn die Erdbeeren Saison haben und pralle Melonen von den Marktständen kugeln.

200 g Zuckermelone, kleine Stücke
200 g Erdbeeren
Saft von 2 Orangen

Alle Zutaten im Mixer pürieren.
3 Gläser/Pro Portion: 80 kcal

PAPAYA-ORANGEN-SAFT

Die milde Papaya nimmt dem Orangensaft die Säure, ein angenehmer, vitaminreicher Mix für die kalte Jahreszeit.

1 kleine Papaya, Stücke
Saft von 5 Orangen
Eiswürfel

Papaya und Orangensaft im Mixer pürieren. Den Saft durch ein Sieb streichen. Mit Eiswürfeln servieren.
2 Gläser/Pro Portion: 90 kcal

TRAUBEN-MELONEN-SAFT

Süß wie der Herbst.

500 g Trauben
500 g Zucker-Melone, Stücke

Die Früchte kurz im Mixer pürieren, durch ein Sieb streichen.
4 Gläser/Pro Portion: 160 kcal

SNACKS UND HÄPPCHEN

Von der Hand in den Mund

Fingerfood heißen in USA die praktischen Imbisse, die ganz unkompliziert ohne Messer und Gabel verspeist werden.

Es wäre allerdings falsch, aus dem Einsatz der Finger, der ursprünglichen Eßwerkzeuge des aufrecht gehenden Homo sapiens, Schlüsse auf die Umstände der Nahrungsaufnahme zu ziehen. Denn, ob Staatsempfang, Kinderfest, Bierzelt, hochoffiziell oder zwanglos locker, aus der Hand gegessen wird oft und gern.

Ist das »Wie« bei allen Anlässen auch gleich – die Finger gespreizt und schnapp – so gibt es beim »Was« doch markante Unterschiede.

Kinder sind höchst zufrieden, können sie sich, ein zusammengeklapptes Brot in der nicht ganz sauberen, kleinen Hand, wieder unter die spielenden Freunde im Park mischen.

Empfehlenswert für diesen Fall: Cremiges und Knackiges – Salatblatt, Gurke und Joghurtfrischkäse mit Kräutern (S. 43).

Wenn bei einer Party große Garderobe angesagt ist, müssen auch die Häppchen in edler Hülle herausgeputzt sein. Von ihrer besten Seite zeigen sich elegante Spinat-Ricotta-Bällchen in roten Paprikaschiffchen; gebackene Auberginen-Röllchen umhüllen eine feine, kräuterwürzige Füllung und fühlen sich auf schweren, silbernen Platten angemessen serviert. Die Gurkenbissen, verwegen geschmückt mit vorwitzigen Kressesträußchen, winzigen, grasgrünen Gamsbärten gleich, fallen jedoch etwas aus der Rolle, und geben sich auf einem geblümten Keramikteller folkloristisch-rustikal. Aber jedes Fest braucht sein charmantes enfant terrible, sonst gerät es zur steifen Veranstaltung.

Selbst beim spannendsten Fußballspiel kommt Hunger auf, und auch der hingebungsvollste Fan muß essen. Da heißt es die Pause zur Halbzeit richtig nützen, vom Fernseher in die Küche stürmen, Kühlschrank aufreißen, Ofen anwerfen und in 10 Minuten einen knusprigen Toast mit zart geschmolzenem Brie backen, diesen blitzschnell mit Salatblättern, Tomatenscheiben und Zwiebelringen belegen und mit einem ordentlichen Klacks Senf-Joghurtsoße garnieren.

Wer für diese Koordination erfordernde Aktion zu erschöpft ist, kein Wunder das Spiel war anstrengend, wählt die Spar-Variante des Toasts, nicht weniger sättigend und sehr aufbauend: Vollkornbrot im Ofen toasten, mit Knoblauch bestreichen, salzen und mit Tomatenscheiben belegen.

Neben ihrer stabilisierenden Funktion bei gesellschaftlichen und sportlichen Ereignissen spielen Häppchen und kleine Imbisse auch im Privatleben eine wichtige Rolle. Mehrere kleine, leichte Mahlzeiten über den Tag verteilt, geben dem Hunger keine Chance und halten fit.

Fünf kleine Mahlzeiten, die reichlich ballaststoffreiche Kohlenhydrate enthalten, wie sie besonders in Vollkornbrot vorkommen und bei welchen weitgehend auf stark zuckerhaltige Nahrungsmittel verzichtet wird, sorgen für einen beständigeren Verlauf des Blutzuckerspiegels. Für das Wohlbefinden bedeutet dieser biochemische Vorgang: Schluß mit den Leistungstiefs, mehr Energie und Frische für den ganzen Tag.

Toast mit Brie und pikanter Soße
(Rezept Seite 45)

MEERRETTICH-APFEL-CREME

Zu Stangensellerie, als pikante Füllung oder als Dip.

150 g säuerlicher Apfel, fein gerieben
1/2 EL Meerrettich, fein gerieben
1 1/2 EL Zitronensaft
200 g Quark, 10% Fett
Salz
4 Stangen Sellerie

Apfel, Meerrettich und Zitronensaft vermischen und mit Quark zu einer glatten Creme verrühren. Creme mit Salz abschmecken und 1 Stunde im Kühlschrank durchziehen lassen. Die zähen Längsfasern der Selleriestangen abziehen. Creme in die Selleriestangen füllen oder Sellerie in schmale Streifen schneiden und als Sticks zur Creme reichen.
Vorspeise für 4 Personen
Pro Portion: 70 kcal

PAPRIKACREME

(Foto Seite 42)

Das Fruchtfleisch einer gebackenen Paprikaschote wird püriert und mit Quark cremig gerührt.
In Chicoreeblättern serviert oder mit der Konditorspritze anmutig auf Cracker gesetzt.

1 mittelgroße, rote Paprikaschote
200 g Quark, 10% Fett
1 Prise Chili
1 Prise Paprika, edelsüß
Salz

Die Paprikaschote im vorgeheizten Ofen, bei guter Hitze 20 Minuten backen, einmal umdrehen. Die Haut der Paprika soll sich schwarzbraun verfärben und Blasen werfen.
Die Paprikaschote in eine Plastiktüte wickeln und kurz abkühlen lassen. Durch diese Prozedur löst sich die Haut spielend leicht. Haut abziehen, Kerne entfernen, und die Paprikaschote im Mixer fein pürieren, Quark dazugeben und zu einer glatten Creme rühren. Mit Chili, Paprikapulver und Salz würzen. 1 Stunde im Kühlschrank durchziehen lassen.
Für 4 Personen
Pro Portion: 50 kcal

GURKENBISSEN

(Foto Seite 42)

Minutenschnell zubereitet, knackig frisch auf dem Buffet.

1/2 Gurke, 5 mm dicke Scheiben
1 rote Paprika
200 g Hüttenkäse
1 Frühlingszwiebel, feine Ringe
3 EL Kresse

Gurkenscheiben auf einer Platte arrangieren, 3/4 der Paprika in kleine Würfel, 1/4 der Paprika in feine Streifen schneiden. Hüttenkäse mit Paprikawürfel und Frühlingszwiebeln vermischen. Von der Masse mit dem Löffel kleine Klößchen abstechen und auf die Gurkenscheiben setzen.
Die Happen mit Paprikastreifen und Kresse dekorieren.
Ergibt ca. 10 Happen.
Vorspeise für 4 Personen
Pro Portion: 65 kcal

SPINAT-RICOTTA-BÄLLCHEN IM PAPRIKASCHIFFCHEN

(Foto Seite 42)

Grün-rote Happen mit gelben Zitronenstückchen und dunklen Oliven garniert.

200 g Blattspinat, geputzt gewogen
Salz
150 g Ricotta
2 Knoblauchzehen, fein gehackt
1 Frühlingszwiebel, feine Ringe
2 EL frisches Basilikum, fein gehackt
1/2 TL frisches Oregano, fein gehackt
Pfeffer
2 rote Paprika, in Achtel geschnitten
4 Zitronenscheiben, geviertelt
16 schwarze Oliven

Spinat im kochenden Salzwasser kurz blanchieren, abgießen, abtropfen lassen und leicht ausdrücken. Den Spinat fein hacken und mit Ricotta, Knoblauch, Frühlingszwiebeln, Basilikum und Oregano gut vermischen. Die Masse mit Pfeffer und Salz abschmecken und 1 Stunde im Kühlschrank durchziehen lassen. Mit dem Löffel Klößchen abstechen und auf die Paprikaschnitze geben. Mit Zitronenstückchen und Oliven garnieren.
Vorspeise für 4 Personen
Pro Portion: 150 kcal

TOFUHAPPEN »KYOTO«

Pikant marinierter Tofu fettfrei im Ofen gebacken, auf kleinen Salatblättern angerichtet, garniert mit orangen Karottenstiften und fein geschittenen, grünen Frühlingszwiebeln.

250 g Tofu

Marinade:
50 ml Sojasoße
50 ml Sherry oder trockener Weißwein
1/2 TL Honig
1/2 TL frischer Ingwer, gerieben
1 Knoblauchzehe, fein gehackt
1 Prise Chili

Garnitur:
8 kleine Salatblätter
1/2 Karotte, streichholzgroße Stifte
1 Frühlingszwiebel, feine Ringe

Den Tofu in 8 gleich große, 1 cm dicke Stücke schneiden. Die Zutaten für die Marinade vermischen. Tofu mit der Marinade übergießen und 2 Stunden durchziehen lassen. Den Tofu in eine kleine Auflaufform geben, mit der Marinade begießen und im vorgeheizten Ofen bei mittlerer Hitze 15–20 Minuten backen. Den Tofu erkalten lassen. Auf jedes Salatblatt ein Stück Tofu geben, mit Karottenstiften und Frühlingszwiebeln garnieren.
Vorspeise für 4 Personen
Pro Portion: 110 kcal

AUBERGINENRÖLLCHEN

2 EL Olivenöl
800 g Auberginen, 1 cm dicke Längsscheiben
Salz
40 g Mandeln, grob gehackt
30 g Weizenvollkornbrot, fein zerkrümelt
250 g Tomaten, kleine Würfel
3 Knoblauchzehen, fein gehackt
2 EL Petersilie, fein gehackt
2 Frühlingszwiebeln, feine Ringe
1/2 EL Essig
1/4 TL Cumin
1/4 TL Oregano
1 Prise Chili

Ein Backblech mit 1/2 EL Öl bestreichen. Auberginenscheiben nebeneinander auf das Blech legen. Leicht salzen.
Die Auberginen im vorgeheizten Ofen bei mittlerer Hitze 10 Minuten backen. Die Auberginen auf einen Teller geben.
Das Backblech mit 1/2 EL Öl einfetten. Die Auberginen mit der gebackenen Seite nach oben auf das Blech legen, leicht salzen und nochmals 10 Minuten backen. Wenn nicht alle Auberginen auf dem Blech Platz fanden, den Rest auf die gleiche Weise backen. Die übrigen Zutaten zu einer Füllung vermischen und mit Salz abschmecken.
Auf jeder Auberginenscheibe 1 EL Füllung verstreichen, die Auberginenscheiben aufrollen und mit Zahnstochern aus Holz feststecken. Ergibt ca. 12 Auberginenröllchen.
Vorspeise für 4–6 Personen
Pro Portion bei 6 Personen: 175 kcal

TOFUCREME »SESAM ÖFFNE DICH«

Zur Abwechslung ein rein pflanzlicher Brotaufstrich. Tofucreme auf Vollkornbrot von Salatblatt, Gurken- und Paprikastreifen begleitet, dazwischen ein paar pikante Kapern.

200 g Tofu
1 EL Olivenöl
1 EL Tahini (Sesammus)
1 EL Sojasoße
2 EL Zitronensaft
abgeriebene Schale von 1/4 ungespritzten Zitrone
2 Knoblauchzehen, fein gehackt
1 Frühlingszwiebel, feine Ringe
1 EL Petersilie, fein gehackt
1 gute Prise Chili
Salz

Tofu durch ein Sieb streichen. Tofu und Öl mit dem Handrührgerät zu einer cremigen Masse verrühren. Die restlichen Zutaten dazugeben und alles zu einer glatten Creme verrühren.
Für 8 Brote
Pro Portion: 135 kcal

JOGHURTFRISCHKÄSE HAUSGEMACHT

Cremig, voll im Geschmack und trotzdem fettarm, kommt überall dort zum Einsatz, wo Frischkäse angesagt ist.

1 kg Joghurt (3,5% Fett)

Ein großes Sieb über eine Schüssel hängen, mit einem Küchenhandtuch ausschlagen, den Joghurt hineinschütten und 7 Stunden abtropfen lassen.
Ergibt 500 g Frischkäse mit einem Fettgehalt von ungefähr 7%.
Für die gesamte Menge: 600 kcal

JOGHURTFRISCHKÄSE MIT KRÄUTERN

250 g Joghurtfrischkäse
1 Knoblauchzehe, fein gehackt
3 EL Kerbel, fein gehackt
1/2 EL Dill, fein gehackt
1 EL Petersilie, fein gehackt
Pfeffer
Salz
Salatblätter
Radieschen, fein geschnitten

Alle Zutaten verrühren.
Mit Salatblatt und Radieschenscheiben die richtige Füllung für ein Frühlingssandwich.
Für 8 Portionen
Pro Portion: 45 kcal

Spinat-Ricotta-Bällchen im Paprikaschiffchen, Paprikacreme, Gurkenbissen (alle Rezepte Seite 40)

AZTEKEN-DIP, AVOCADO-KARTOFFEL-CREME

Wahrscheinlich bekam schon Columbus diesen Dip gereicht, gehörten doch Kartoffeln und Avocados zu den wichtigsten Nahrungsmitteln Nordamerikas.

1 reife, butterweiche Avocado
100 g Kartoffeln, gekocht, kalt
4 Knoblauchzehen, fein gehackt
1 EL Zwiebel, fein gehackt
Saft von 1/2 Zitrone
abgeriebene Schale von 1/4 ungespritzten Zitrone
1/4 TL Cumin
1 Prise Chili
1 EL frischer Koriander oder Petersilie, fein gehackt
Salz
2 Tomaten, dünne Scheiben
2 Frühlingszwiebeln, feine Ringe

Avocadofruchtfleisch mit der Gabel zerdrücken, die Kartoffeln schälen und fein reiben. Avocado und Kartoffeln zu einer glatten Creme verrühren. Die Creme mit Knoblauch, Zwiebeln, Zitronensaft, Zitronenschale, Cumin, Chili und Koriander vermischen und mit Salz abschmecken. Die Avocado-Kartoffel-Creme soll ein deutliches Zitronenaroma haben. Die Creme mit Tomaten und Frühlingszwiebeln garnieren.
Schmeckt sehr gut auf Vollkornbrot oder zu knusprigen Tortilla-Chips.
Für 8 Brote
Pro Portion: 85 kcal

PROVENÇALISCHE ZIEGENKÄSECREME

Mit reifen Tomaten, Oliven, Vollkornbaguette und Rotwein ein rasch zubereiteter, sommerlicher Imbiß.

100 g Magerquark
100 g Ziegenfrischkäse
1 Knoblauchzehe, fein gehackt
1 TL frisches Basilikum, fein gehackt
1/2 TL frisches Oregano, fein gehackt
Pfeffer
Salz

Quark und Ziegenfrischkäse zu einer glatten Creme rühren. Die Creme mit Knoblauch, den Kräutern, Pfeffer und Salz würzen.
Für die gesamte Menge: 500 kcal

FRISCHES, KNACKIGES GEHÖRT AUFS BROT

Belegte Brötchen schmecken doppelt so gut, wenn der Käse von frischen Salatblättern, Tomaten-, Gurkenscheiben, Paprikastreifen und Zwiebelringen begleitet wird. Vorteil dieser grünen Sandwiches: mehr Vitamine und weniger Kalorien.
Auch Schulbrote werden saftig aufgepeppt lieber verspeist.

ROQUEFORTCREME

Herzhaft auf getoastetem Roggenbrot.

100 g Roquefort
100 g Magerquark
2 EL Schnittlauch, fein geschnitten
1 Prise Chili
2 große, rote Paprika, breite Streifen
kleine Salatblätter

Roquefort mit der Gabel zerdrücken und mit Quark cremig rühren. Creme mit Schnittlauch und Chili kräftig würzen.
Fürs Buffet oder als Vorspeise mit dem Teelöffel Klößchen abstechen und auf Paprikastreifen und Salatblätter setzen.
Knusprige Roquefortoasts werden mit Paprika und Salat garniert.
Für die gesamte Menge: 520 kcal

DAS PRINZIP DER WÜRZIGEN KÄSECREMES

ist leicht erklärt. Beim Käsekauf wird nicht auf den Fettgehalt, sondern auf die persönlichen Gelüste gehört. Der Lieblingskäse wird dann mit schlankem Quark, Kräutern, Gewürzen, Zwiebeln und Knoblauch abgespeckt.
Im Gegensatz zu oft faden Magerkäsesorten bezahlt man bei diesen hausgemachten Käsecremes für weniger Fett nicht mit dem guten Geschmack.

KNOBLAUCH-SCHAFSKÄSE-CREME

Eine kräftig-deftige Creme.
Im Sommer können Sie die Knoblauchknolle auch auf den Grill legen und weich backen, so wird Knoblauch in südlichen Ländern von Marokko bis Mexiko behandelt.

1 ganze Knoblauchknolle
100 g milder Schafskäse (Feta)
100 g Magerquark
1 Prise Chili
1 Frühlingszwiebel, feine Ringe
1 Gurke, 1 cm dicke, 10 cm lange Stücke

Die ganze, ungeschälte Knoblauchknolle im vorgeheizten Ofen bei mittlerer Hitze in 15–20 Minuten weich backen, die Knoblauchschalen verfärben sich dabei dunkelbraun. Der Knoblauch verliert durch diese Prozedur seinen scharfen Geschmack.
Knoblauch schälen, mit der Gabel zerdrücken. Schafskäse in kleine Stücke schneiden, mit der Gabel zerdrücken, mit Knoblauch und Quark vermischen. Die Creme mit Chili und Frühlingszwiebeln würzen, wenn der Schafskäse sehr milde ist, auch mit Salz abschmecken.
Als Vorspeise die Knoblauch-Schafskäse-Creme auf einer Platte anrichten und rundum mit Gurkensticks garnieren. Dazu Vollkornbrot reichen.
Vorspeise für 4 Personen
Pro Portion: 120 kcal

EMMENTALERCREME

Natürlich gereifter Emmentaler, schlanker Quark und feurig roter Paprika – ein Klacks davon steht Vollkorncrackern gut.

100 g Emmentaler, fein gerieben
100 g Magerquark
2 EL Joghurt
1/2 Zwiebel, fein gehackt
1/4 TL Kümmel
1/4 TL Paprika edelsüß
1 Prise Paprika scharf
Salz

Alle Zutaten zu einer glatten Creme verrühren.
Fürs Buffet: kleine Klößchen abstechen und in Paprikaschnitze füllen.
Für die gesamte Menge: 480 kcal

PIKANTE CREME MIT RÄUCHERKÄSE

Für diesen kräftigen Aufstrich wird fester, naturgeräucherter Käse fein gerieben.

100 g Magerquark
2 TL Dijon-Senf (scharfer Senf)
2 EL Kefir
100 g naturgeräucherter Käse, fein gerieben
1 EL Zwiebeln, fein gehackt
1 EL Petersilie, fein gehackt

Quark, Senf und Kefir zu einer glatten Creme verrühren. Die Creme mit Käse, Zwiebeln und Petersilie vermischen.
Die Creme sollte im Kühlschrank etwas durchziehen.
Für die gesamte Menge: 500 kcal

TOAST MIT BRIE UND PIKANTER SOSSE

(Foto Seite 39)

Ein üppiger Toast für den schnellen Hunger!

8 Scheiben Vollkorntoast
3 TL Dijon-Senf
120 g Brie
2 EL Joghurt
1 Essiggurke, fein gehackt
1 Frühlingszwiebel, fein gehackt
1 Prise Paprika edelsüß
Salz
Pfeffer
8 Salatblätter
1 Tomate, dünne Scheiben

Vollkorntoast dünn mit Dijon-Senf bestreichen.
Die Käserinde dünn abschneiden. Käse in dünne Scheiben schneiden und 4 Brote damit belegen. Die Käsebrote mit den restlichen Brotscheiben zudecken. Die zusammengeklappten Brote im vorgeheizten Ofen bei mittlerer Hitze 10 Minuten backen. Nach 5 Minuten einmal umdrehen.
Aus Joghurt, Essiggurke und Frühlingszwiebeln eine Soße anrühren, mit Paprikapulver, Salz und Pfeffer würzen. Die gebackenen Toasts aufklappen, mit Soße bestreichen, mit Salat und Tomaten belegen, wieder zusammenklappen und diagonal durchschneiden.
Die Toast-Dreiecke sofort servieren.
Für 4 Personen
Pro Portion: 225 kcal

SANDWICH MIT MARINIERTEM, GEBRATENEM TOFU

Das saftige Sandwich könnte ein Lieblingssnack werden.

Marinade:
3 EL Sherryessig
3 EL trockener Rotwein
3 EL Sojasoße
125 ml Wasser
1 Knoblauchzehe, fein gehackt
1/4 TL Basilikum
1/4 TL Thymian
1/4 TL Oregano
1 Lorbeerblatt
1 Prise Piment

Sandwich:
400 g Tofu, 1 cm dicke Scheiben
1 EL Olivenöl
8 Scheiben Vollkorntoast
3 TL Dijon-Senf (scharfer Senf)
4 EL Tofusoße »Tartar« (S.)
1 Tomate, Scheiben
1/4 Gurke, Scheiben
1 Frühlingszwiebel, feine Ringe
4 Salatblätter

Alle Zutaten für die Marinade vermischen und in einem kleinen Topf zum Kochen bringen. Tofuscheiben mit der heißen Marinade übergießen und 4 Stunden durchziehen lassen.
Den Tofu aus der Marinade nehmen, gut abtropfen lassen. Das Olivenöl in einer Pfanne erhitzen, die Tofuscheiben auf beiden Seiten anbraten.
Brot toasten, mit Senf bestreichen. Auf 4 Scheiben Toast je eine Scheibe gebratenen Tofu legen, den Tofu mit je 1 EL Tofusoße bestreichen. Das Sandwich mit Tomaten, Gurken, Frühlingszwiebel und Salatblättern garnieren, mit dem restlichen Brot zudecken. Die Toasts diagonal in Dreiecke schneiden, und sofort servieren.
Für 4 Personen
Pro Portion: 130 kcal

KNOBLAUCHTOAST MIT TOMATENSOSSE »CALABRIA«

Der einfachste Toast, trotzdem einer der besten! Hier eine südliche Variante mit Kräutern und Tomaten.
Vorzüglich zu Käse und Salaten.

8 Scheiben feines Vollkornbrot
2–3 Knoblauchzehen, halbiert
Salz
1/2 Rezept kalte Tomatensoße »Calabria« (S. 89)
oder 3 Tomaten, Scheiben

Vollkornbrot im vorgeheizten Ofen in ca. 7 Minuten knusprig backen. Das Brot kräftig mit dem Knoblauch (Schnittfläche nach unten) einreiben, leicht salzen.
Zu den Knoblauchtoasts die kalte Tomaten-Basilikumsoße reichen, oder die Brote einfach mit Tomatenscheiben belegen.
Für 4 Personen
Pro Portion: 145 kcal

SALATE

Blatt um Blatt macht richtig satt

Den Salaten gehört die kulinarische Zukunft, vereinigen sie doch in einer Schüssel sämtliche Vorteile der neuen Küche.

Erstens, zweitens und drittens sind Salate zu jeder Tages- und Jahreszeit eine Freude für Gaumen und Augen. Obstsalat als Muntermacher zum Frühstück, Kartoffelsalat mit Stangensellerie, um mittags neue Energien zu schöpfen, Karotten-Ananas-Salat zwischendurch, wenn Hunger und Müdigkeit drohen; und für die Gäste am Abend noch Feldsalat mit gebratenen Austernpilzen. Vom frühen Morgen bis in die späte Nacht, Salat macht satt, aber nicht voll.

Erfreulich jedoch nicht verwunderlich ist, daß der Magen, obwohl gut gefüllt, die kunterbunten Salate so leicht nimmt. Bestehen sie doch zum überwiegenden Teil aus naturbelassenen Zutaten: Blättchen in allen Grünschattierungen, klein geschnittenen Gemüsen, Früchten, Kräutern und Sprossen. Diese rohen, aber nicht unfeinen Genüsse sind leicht verdaulich und bieten aufbauende Vitamine und Mineralstoffe in rauhen Mengen, ohne mit viel Kalorien ins Gewicht zu schlagen.

Was die einzelnen Bestandteile zum Salat verbindet, ist die Soße; und es wäre jammerschade, würde der von Natur aus schlanke Salat mit einer fetten Soße belastet. Zurückhaltung ist beim Öl gefragt, dafür darf es aber kaltgepreßt und von bester Qualität sein. Trotzdem bleibt kein Salat trocken und fad, denn schlanke Milchprodukte, Zitronen-, Orangen- und Gemüsesaft fließen reichlich in die große Schüssel.

Eissalat mit Karotten-Soße, marokkanischer Salat mit Gurkenmarinade, fruchtiger Rübensalat mit Mango sind Beispiele für aromareiche und ölarme Mischungen.

Neben den kulinarischen und gesundheitlichen Pluspunkten qualifiziert auch sein minimaler Arbeitsaufwand den Salat zum zeitgemäßen Leibgericht. Selbst mit wenig Zeit oder Lust zum Kochen ist ein frischer Salat schnell zusammengeschnippelt und steigt, vermischt mit Käse, Eiern, Croûtons, Nüssen oder gebratenem Tofu zum Hauptgericht auf. Dazu gibt's Vollkornbrot.

Zum Schluß einige klärende Worte zu amtlichen Ernährungsempfehlungen; der zivilisationsgeplagte Streßbürger wird ermahnt, um seiner Gesundheit willen mehr »Frischkost« zu verzehren. Leider weckt dieses strenge Wort abschreckende Assoziationen an hartes Hasenfutter, dabei bedeutet die nüchterne Anregung nichts anderes als die Aufforderung zum »Schlemmen ohne Reue, mit täglich neuen, phantasievollen Salatkreationen«.

GURKENSALAT MIT PETERSILIEN-VINAIGRETTE

Von der Petersilie wird in diese würzige Vinaigrette nicht das grüne Blatt, sondern die aromatische, fein geriebene Wurzel gerührt.

1 mittelgroße Gurke, dünne Scheibchen

Vinaigrette:
1 1/2 EL Essig
2 EL Öl
1 TL Dijon-Senf
1/2 TL Honig
2 TL Petersilienwurzel, fein gerieben
1 EL Dill, fein geschnitten
2 Knoblauchzehen, sehr fein gehackt
1 TL Kapern, fein gehackt
1 EL Zwiebeln, sehr kleine Würfel
Salz
Pfeffer

Die Gurkenscheiben in eine Schüssel geben.
Die Zutaten für die Vinaigrette mit der Gabel gut verrühren, mit den Gurkenscheiben vermischen.
Für 2–3 Personen
Pro Portion: 125 kcal

Rote Bohnen mit Schafskäse **(Rezept Seite 57)**

RET
TRADITIONELLE BE
KOURTA
INHALT
e0,5 LIT.
GRIECHISCHER
1895

KUNTERBUNTER SOMMERSALAT MIT KNOBLAUCHCROÛTONS

Mit etwas Schafskäse eine Hauptmahlzeit.

3 Tomaten, sehr kleine Würfel
1 EL Olivenöl
2 EL Essig
1/2 grüne Paprikaschote, sehr kleine Würfel
1/2 rote Paprikaschote, sehr kleine Würfel
50 g Zucchini, sehr kleine Würfel
50 g Gurke, sehr kleine Würfel
1 Frühlingszwiebel, feine Ringe
2 Knoblauchzehen, fein gehackt
3 EL Basilikum, fein gehackt
1 TL Oregano, fein gehackt
Salz
Pfeffer
1 Kopfsalat, mundgerechte Stücke
10 schwarze Oliven

Knoblauchcroûtons:
2 Knoblauchzehen, sehr kleine Würfel
1 TL Olivenöl
1 Prise Thymian
Salz
Pfeffer
2 Scheiben Weizenvollkornbrot

Tomaten in eine Schüssel geben, das Olivenöl tropfenweise unterrühren. Essig untermischen. Paprika, Zucchini, Gurke, Frühlingszwiebel, Knoblauch und Kräuter in die Tomatensoße mischen, mit Salz und Pfeffer würzen.
Kopfsalat und Oliven auf einer Platte anrichten.
Für die Knoblauchcroûtons Knoblauch, Olivenöl, Thymian, Salz und Pfeffer vermischen. Die Ölmischung auf das Brot streichen. Brot in kleine Rechtecke schneiden. Die Brotwürfel auf ein kleines Backblech geben, im vorgeheizten Ofen bei mittlerer Hitze 5–7 Minuten knusprig braun backen.
Die Gemüsesoße auf dem Kopfsalat verteilen, die heißen Croûtons über den Salat streuen, sofort servieren.
Sieht auch portionsweise angerichtet sehr einladend aus.
Für 4 Personen
Pro Portion: 170 kcal

WINTERSALAT MIT SCHNITTLAUCHSOSSE

In der kalten Jahreszeit bringen selbstgezüchtete Sprossen Vitamine auf den Tisch.

1 kleiner Endiviensalat, feine Streifen
100 g Karotten, streichholzgroße Stifte
50 g Selleriewurzel, streichholzgroße Stifte
5 EL Sprossen (Alfalfa, Linsen, Radieschen)
2 Bund Schnittlauch, fein geschnitten
100 ml Kefir
1 EL Senf
Salz

Endiviensalat, Karotten, Selleriewurzel, Sprossen in einer Schüssel anrichten. (Karotten und Sellerie kann man auch fein reiben.)
Aus Schnittlauch, Kefir, Senf und Salz eine Soße anrühren, den Salat mit der Soße vermischen.
Für 4 Personen
Pro Portion: 45 kcal

BLATTSALAT MIT GURKENSOSSE

Die erfrischende Soße schmeckt am besten mit aromatischen Freilandgurken!

1 kleine Gurke, Kerne entfernt, grob gerieben
2 Knoblauchzehen, fein gehackt
1 Frühlingszwiebel, feine Ringe
1 1/2 EL Essig
1 EL Olivenöl
1/2 TL frische Minze, fein gehackt oder eine Prise getrocknete Pfefferminze
Pfeffer
Salz
1 Romano- oder Kopfsalat, mundgerechte Stücke
3 EL Kresse
1/2 rote Paprika, feine Streifen
3 EL Joghurt

Geriebene Gurke, Knoblauch, Frühlingszwiebeln, Essig, Olivenöl und Minze verrühren und mit Pfeffer und Salz abschmecken. Die Mischung 1 Stunde durchziehen lassen. Durch das Salz wird in dieser Zeit den Gurken Flüssigkeit entzogen, es bildet sich eine aromatische Soße, in der kleine, knackige Gurkenstückchen schwimmen. Vor dem Servieren die Gurkensoße mit Salz und Pfeffer abschmecken. Den Blattsalat auf einer Platte anrichten, die Gurkensoße in die Mitte geben, mit Kresse, Paprikawürfeln und Joghurt garnieren.
Für 4 Personen
Pro Portion: 50 kcal

EISSALAT MIT KAROTTENSOSSE

Leicht und frisch!

1 kleiner Eissalat, mundgerechte Stücke
200 g Joghurt
1 EL Zitronensaft
1/2 TL Honig
100 g Karotten, fein gerieben
Salz
1/2 EL Petersilie, fein gehackt

Eissalat in einer Schüssel anrichten. Joghurt mit Zitronensaft und Honig vermischen. Die Karotten unterrühren, die Soße mit Salz abschmecken und mit dem Salat vermischen. Mit Petersilie garnieren. Sehr wirkungsvoll: statt Petersilie 1 EL grasgrüne, gehackte Pistazien über den Salat streuen.
Für 4 Personen
Pro Portion: 45 kcal

FELDSALAT MIT SESAMSOSSE

100 g Feldsalat
1 Tomate, kleine Schnitze
4 EL Radieschensprossen
1/2 rote Zwiebel, sehr dünne Scheiben
1 EL ungeschälter Sesam
Salz
1 EL Öl
1 EL Essig
1 EL Zitronensaft
3 EL Joghurt
1 Knoblauchzehe, fein gehackt
Pfeffer

Feldsalat, Tomaten, Sprossen und Zwiebeln in einer Schüssel anrichten. Sesam in einer kleinen trockenen Pfanne anrösten, bis die Körnchen anfangen hochzuspringen. Sofort vom Feuer nehmen.
Sesam mit einer Prise Salz im Mörser etwas zerstoßen oder kurz im Mixer zerkleinern.
Aus Öl, Essig, Zitronensaft, Joghurt, Knoblauch, Sesam, Salz und Pfeffer eine Soße anrühren und mit dem Salat vermischen.
Für 3 Personen
Pro Portion: 70 kcal

INDONESISCHER SALAT MIT ANANAS UND INGWER-ZITRUSETTE

1 kleiner Kopfsalat, mundgerechte Stücke
1 rote Paprika, 1/2 cm dünne Streifen
100 g Ananas, kleine Stücke
2 Frühlingszwiebeln, feine Ringe
30 g Cashewnüsse, Stücke
3 EL Zitronensaft
2 EL Öl
1 TL Sojasoße
1 TL brauner Zucker
1 Prise Chili
1/2 TL Ingwer, gerieben
1 Prise abgeriebene Zitronenschale
Salz

Kopfsalat, Paprika, Ananas, Frühlingszwiebeln und Nüsse in einer Schüssel anrichten. Aus den restlichen Zutaten eine Soße anrühren, mit Salz abschmecken.
Den Salat mit der Soße vermischen. Besonders mundwässernd ist es, wenn Sie den Salat portionsweise anrichten und die Soße dazureichen.
Für 4 Personen
Pro Portion: 80 kcal

KAROTTEN-ANANAS-SALAT

Diese saftige, orange-gelbe Vorspeise weckt die Lebensgeister.

200 g Ananas, sehr feine, 2 cm lange Streifen
300 g Karotten, grob gerieben
2 EL Mandelsplitter
Saft von 1 Orange
etwas abgeriebene Schale von einer ungespritzten Orange oder Zitrone
1 TL Honig
1 Prise Chili
Salz

Ananas, Karotten und Mandelsplitter in eine Schüssel geben. Orangensaft mit Orangenschale, Honig, Chili und Salz zu einer Marinade verrühren und den Salat damit vermischen.
Für 4 Personen
Pro Portion: 105 kcal

BLATTSALAT BLEIBT FRISCH,

wenn Sie ihn gleich nach dem Einkaufen am Stielansatz etwas abschneiden, angefeuchtetes Küchenpapier um den Stielansatz wickeln und den Salat in einer Plastiktüte im Kühlschrank aufbewahren.
Wenn der Salat nicht auf einmal gegessen wird, portionsweise die äußeren Blätter abbrechen und nochmals den angetrockneten Stielansatz abschneiden. Mit dieser Pflege hält sich empfindlicher Blattsalat einige Tage.

FELDSALAT MIT SPROSSEN, WALNÜSSEN UND ORANGEN

100 g Feldsalat
30 g Alfalfasprossen
30 g Walnüsse, gehackt
1 Orange, kleine Stücke

Marinade:
1/2 Zwiebel, fein gehackt
4 EL Joghurt
1 EL Zitronensaft
1 EL Essig
1 EL Öl
schwarzer Pfeffer
Salz

Die Salatzutaten in eine Schüssel geben. Die Zutaten für die Marinade verrühren, mit dem Salat vermischen.
Für 3 Personen
Pro Portion: 145 kcal

INDISCHER TOMATENSALAT

mit winzigen schwarzen Senfkörnern und aromatischer Minze.

500 g Tomaten
1 EL Essig
1 EL Zitronensaft
2 EL Öl
Salz
Pfeffer
2 Knoblauchzehen, fein gehackt
1 Frühlingszwiebel, feine Ringe
1 TL frische Minze, fein gehackt oder
1 Prise getrocknete Minze
1 TL schwarze Senfkörner
einige Minzeblättchen

Tomaten kurz in kochendem Wasser blanchieren, abgießen, schälen, in kleine Schnitze schneiden. Essig, Zitronensaft, Öl, Salz und Pfeffer zu einer Soße verrühren. Knoblauch, Frühlingszwiebel, Minze unterrühren und die Soße mit den Tomaten vermischen.
In einer kleinen trockenen Pfanne die Senfkörner unter Rühren erhitzen, bis sie anfangen hochzuspringen. Die gerösteten Senfkörner unter den Salat mischen.
Den Tomatensalat mit Minzeblättchen garnieren.
Paßt zum Zucchini-Kartoffel-Paprika-Curry (S. 92).
Für 2 Personen
Pro Portion: 145 kcal

MAROKKANISCHER SALAT

(Foto Seite 51)

Marinade:
250 g Gurke, Stücke
2 Knoblauchzehen, fein gehackt
1–2 EL Essig
1 EL Zitronensaft
1 EL Olivenöl
1/4 TL Cumin
1 Prise abgeriebene Zitronenschale
1 Prise getrocknete Pfefferminze
Salz
Pfeffer, grob gemahlen

Salat:
1/2 Gurke, Würfel
4 Tomaten, Stücke
1 grüne Paprikaschote, gewürfelt
3 Frühlingszwiebeln, Ringe
50 g Blattsalat
1/2 Bund Dill, fein gehackt

Für die Marinade die Gurkenstücke im Mixer pürieren, durch ein Sieb streichen, Flüssigkeit auffangen.
Die Gurkenflüssigkeit mit Knoblauch, Essig, Zitronensaft, Olivenöl, Cumin, Zitronenschale und getrockneter, zerriebener Pfefferminze verrühren. Die Marinade mit Salz und Pfeffer abschmecken.
Die Salatzutaten in eine Schüssel geben, mit der Marinade vermischen.
Für 4 Personen
Pro Portion: 85 kcal

EXOTISCHER RÜBENSALAT

200 g Rote Bete, grob gerieben
200 g Karotten, grob gerieben
100 g saftige, säuerliche Äpfel, grob gerieben
1 Orange, kleine Stücke
1 Mango, kleine Stücke

Salatsoße:
Saft von 1 Orange
3 EL Zitronen- oder Limonensaft
150 g Joghurt
4 EL Sauerrahm
abgeriebene Schale von 1/4 Zitrone
1 Prise Chili
1 Prise Zimt
Salz

Rote Bete, Karotten, Äpfel, Orange und Mango in eine Schüssel geben. Gemüse und Früchte mit Orangen- oder Limonensaft vermischen. Joghurt und Sauerrahm glattrühren, mit Zitronenschale, Chili, einem Hauch Zimt und Salz würzen.
Den Salat mit der Joghurt-Soße vermischen, sofort servieren..
Für 4 Personen
Pro Portion: 110 kcal

Marokkanischer Salat
(Rezept siehe links)

KARTOFFELSALAT MIT STANGENSELLERIE UND KAPERNVINAIGRETTE

Zum Sattessen.

500 g festkochende Kartoffeln
75 ml Gemüsebrühe
1/2 Zwiebel, fein gehackt
2 EL Essig
2 EL Olivenöl
Salz
Pfeffer
1 EL Kapern, fein gehackt
2 EL Petersilie, fein gehackt
1 Knoblauchzehe, fein gehackt
1 Prise Piment
1 Prise Muskat
3 kleine Stangensellerie, dünne Scheiben

Kartoffeln in der Schale weich kochen, noch warm schälen, in Scheiben schneiden und mit heißer Gemüsebrühe und Zwiebeln vermischen.
Aus Essig, Öl, Salz und Pfeffer eine Marinade anrühren. Die Marinade mit Kapern, Petersilie, Knoblauch, Piment und Muskat verrühren und unter den Kartoffelsalat mischen. Den Salat mit Salz und Pfeffer abschmecken und 1 Stunde durchziehen lassen. Vor dem Servieren nochmals abschmecken, eventuell noch mit etwas Essig würzen, Stangensellerie unterheben.
Für 4–6 Personen
Pro Portion: 150 kcal

SALAT »ISLA MEXICANA« MIT AVOCADO UND ROSA GRAPEFRUIT

1/2 Kopf- oder Eissalat, mundgerechte Stücke
1 Karotte, feine Stifte
1 rosarote Grapefruit, Filets oder Schnitze
1 Avocado, dünne Scheiben
2 EL Zitronensaft
1 EL Apfelessig
2 TL Sojasoße
3 EL Joghurt
1 EL Öl
1 Prise brauner Zucker
abgeriebene Schale von 1/4 ungespritzten Zitrone
1/4 TL frischer Ingwer, gerieben
1 Knoblauchzehe, fein gehackt
1 Prise Chili
1 Frühlingszwiebel, feine Ringe

Am appetitanregendsten, wenn Sie Blattsalat, Karottenstifte, Grapefruitfilets und Avocado portionsweise anrichten.
Für die Marinade werden Zitronensaft, Apfelessig, Sojasoße, Joghurt und Öl glatt gerührt und mit braunem Zucker, Zitronenschale, frischem Ingwer, Knoblauch und Chili gewürzt. Den Salat mit der Marinade begießen und mit Frühlingszwiebeln garnieren.
Für 4 Personen
Pro Portion: 205 kcal

GRÜN-ROTER SALAT MIT MEERESSCHÄTZEN

Feldsalat, Radicchio und dazu knusprig Gebratenes aus dem Meer: Hijikialgen.
Meinen Testessern, keiner hatte zuvor Hijiki gegessen, schmeckte der Salat ausgezeichnet. Wenn Sie nicht genug Vitamine bekommen können, mischen Sie noch eine Handvoll Alfalfasprossen unter den Salat.

Vinaigrette:
2 EL Essig
3 EL Olivenöl
2 Knoblauchzehen, fein gehackt
schwarzer Pfeffer
Salz

Salat:
1 EL getrocknete Hijikialgen
100 g Feldsalat
1 Radicchio, mundgerechte Stücke
1/2 Zwiebel, fein gehackt
1 TL Olivenöl
1/2 EL Sojasoße

Die Zutaten für die Vinaigrette gut verrühren.
Hijiki in kaltem Wasser 15 Minuten einweichen.
Feldsalat, Radicchio und Zwiebeln in einer Schüssel anrichten.
Hijiki abgießen und abtropfen lassen.
Öl in einer kleinen Pfanne erhitzen, Hijiki unter Rühren kurz anbraten, mit Sojasoße ablöschen, Sojasoße unter Rühren einkochen.
Das Meeresgemüse auf den Salat geben. Den Salat mit der Vinaigrette vermischen.
Für 4–6 Personen
Pro Portion: 60 kcal

EICHBLATTSALAT MIT GEBRATENEN AUSTERNPILZEN UND CROÛTONS

1 kleiner Eichblattsalat, mundgerechte Stücke
1 Tomate, kleine Schnitze
2 Scheiben feines Vollkornbrot
2 Knoblauchzehen
Salz
1 EL Olivenöl
300 g Austernpilze, mundgerechte Stücke
Pfeffer
1 1/2 EL Essig
1 EL Zitronensaft
1 Frühlingszwiebel, feine Ringe
2 EL Kresse

Blattsalat und Tomaten auf einer großen Platte attraktiv anrichten. Brot toasten, eine Knoblauchzehe halbieren und das Brot damit einreiben, leicht salzen und in dünne Streifen schneiden. Den restlichen Knoblauch fein hacken.
Olivenöl in einer Pfanne erhitzen, Knoblauch anbraten, die Austernpilze dazugeben, salzen, nach Geschmack pfeffern und unter Rühren 3 Minuten braten, vom Feuer nehmen.
Die Pilze mit dem Schaumlöffel aus der Pfanne heben und auf dem Salat verteilen. Den Pilzsaft in einer kleinen Schale mit Essig und Zitronensaft verrühren, über dem Salat verteilen.
Den Salat mit Frühlingszwiebeln, Kresse und Brotstreifen garnieren.
Soll der Salat ein Hauptgericht werden, verteilen Sie noch kleine Stücke Schafskäse darüber.
Für 4 Personen
Pro Portion: 105 kcal

SPINATSALAT MIT GEBRATENEM TOFU UND SPROSSEN

Nur mit ganz jungem, frischem Spinat gelingt der Salat perfekt.

1/2 EL ungeschälte Sesamkörner
200 g junger Spinat, geputzt gewogen
1 Karotte, feine Stifte
1 EL Öl
1 Prise Koriander
1 Prise Kardamom
1 Prise Cumin
100 g Tofu, kleine Würfel
1 EL Sojasoße
100 g Mungsprossen
2 Frühlingszwiebeln, feine Ringe

Zitrus-Vinaigrette:
1 EL Sojasoße
1 EL Essig
1/2 TL Ingwer, frisch gerieben
Saft von 1 Limone oder Zitrone
Saft von 1 Orange
abgeriebene Schale von 1/4 ungespritzten Zitrone
1 Prise Chili
1 EL Öl

Alle Zutaten für die Vinaigrette verrühren.
Für den Salat die Sesamkörner in einer trockenen Pfanne unter Rühren erhitzen, bis sie anfangen hochzuspringen, sofort vom Feuer nehmen.
Spinat und Karotten auf einer großen Platte anrichten. Öl in einer kleinen Pfanne erhitzen, Koriander, Kardamom und Cumin kurz unter Rühren anrösten, Tofu dazugeben, unter Rühren 1 Minute braten, mit Sojasoße ablöschen und die Soße unter Rühren einkochen lassen. Mungsprossen zufügen, eine Minute braten.
Tofu, Sprossen und die Vinaigrette über dem Salat verteilen. Mit Frühlingszwiebeln und Sesam garnieren.
Den Salat erst auf dem Tisch vermischen, er ist ein wirklich farbenfroher Anblick. Portionsweise angerichtet eine elegante fernöstliche Vorspeise.
Für 4 Personen
Pro Portion: 105 kcal

THAILÄNDISCHER PAPAYASALAT

Die fruchtig, pikante Vorspeise zu einem exotischen Menü.

2 kleine Papayas (je 350 g)
Saft von 1 Orange
Saft von 1/2 Zitrone oder Limone
1/4 TL frischer Ingwer, gerieben
1/2 TL brauner Zucker
1 Prise Chili
Salz
20 g Erdnüsse, grob gehackt
4 Salatblätter
1/2 EL Petersilie, fein gehackt

Papayas schälen, Kerne entfernen, in dünne Streifen schneiden und in eine Schüssel geben. Orangen- und Limonensaft, Ingwer, Zucker, Chili und Salz verrühren. Papayas mit der Soße vermischen. Erdnüsse in einer trockenen Pfanne unter Rühren kurz anrösten. Den Salat portionsweise auf Salatblättern anrichten, mit Erdnüssen und Petersilie garnieren.
Für 4 Personen

FEIN WÜRFELIGER GEMÜSE-SALAT MIT CREMIGER MARINADE

Entscheidend für das gute Gelingen: die Gemüse müssen gleichmäßig kleingeschnitten werden. So haben sie eine minimale Garzeit, kochen gleichmäßig al dente und können sich durch und durch mit würziger Marinade vollsaugen.

500 ml Gemüsebrühe
1 Lorbeerblatt
1 Prise Muskat
1/4 TL Liebstöckel
1 Prise abgeriebene Zitronenschale
1 Knoblauchzehe, fein gehackt
150 g Selleriewurzel, sehr kleine Würfel
150 g Karotten, sehr kleine Würfel
150 g Kartoffeln, sehr kleine Würfel
1 Rezept Joghurtmayonnaise (S. 56) oder Tofusoße »Tartar« (S. 56)
Salz
Pfeffer
4 Salatblätter
1 Tomate, kleine Schnitze
1/4 Gurke, dünne Scheiben
1 rote Paprika, feine Streifen

Gemüsebrühe in einem kleinen Topf zum Kochen bringen. Gewürze, Zitronenschale, Knoblauch und die Gemüse dazugeben, zugedeckt ca. 4 Minuten kochen, die Gemüsewürfel sollen noch Biß haben. Gemüse in ein Sieb abgießen und abtropfen lassen. Gemüsebrühe auffangen und aufbewahren. Sie ergibt eine ausgezeichnete Suppengrundlage. Ich habe damit die Ungarische Krautsuppe (S. 61) gekocht.
Gemüse etwas abkühlen lassen und mit Joghurtmayonnaise oder Tofusoße »Tartar« vermischen. Mit Salz und Pfeffer abschmecken, im Kühlschrank 1 Stunde durchziehen lassen.
Den Salat auf Salatblättern anrichten, mit Tomatenschnitzen, Gurkenscheiben, Paprikastreifen garnieren.
Für 4 Personen
Pro Portion: 130 kcal

ALADINS KAROTTENSALAT

(Foto Seite 55)

700 g Karotten, 3 mm dünne Scheiben
Salz
300 ml Wasser
1/2 TL frischer Ingwer, gerieben
1 Prise Chili
1 Hauch Zimt
1/2 TL Honig
1 EL Öl
4 EL Orangensaft
1–2 EL Limonen- oder Zitronensaft
1/2 EL Sesam, ungeschält
2 Frühlingszwiebeln, feine Ringe

Karotten im Salzwasser zugedeckt, weich mit Biß kochen. Das Kochwasser auffangen und um die Hälfte einkochen. Die Flüssigkeit mit Ingwer, Chili, Zimt, Honig, Öl, Orangen- und Zitronensaft vermischen, mit Salz abschmecken und etwas durchziehen lassen.
Sesam in einer trockenen Pfanne unter Rühren anrösten, bis die Körner anfangen hochzuspringen, sofort vom Feuer nehmen. Sesam und Frühlingszwiebeln unter den Salat mischen.
Für 4 Personen
Pro Portion: 100 kcal

MARINIERTER PORREE

Porree entwickelt sich bei liebevoller Behandlung zu einem edlen Gemüse.

500 ml Gemüsebrühe
1/4 TL Koriander
3 Pimentkörner
1 Lorbeerblatt
1/4 TL Thymian
500 g junger Porree, längs halbiert, 10 cm lange Stücke
2 EL Essig
1 EL Zitronensaft
2 EL Olivenöl
1 rote Paprikaschote, kleine Würfel

Gemüsebrühe in einem kleinen Topf zum Kochen bringen. Mit Koriander, Pimentkörnern, Lorbeerblatt und Thymian würzen. Porree dazugeben, zugedeckt 5 Minuten leicht köcheln. Porree aus der Gemüsebrühe heben, in eine Schüssel geben. Die Gemüsebrühe schnell auf die Hälfte einkochen.
Essig, Zitronensaft und Öl verrühren, die Gemüsebrühe mit dem Schneebesen in die Essig-Ölmischung rühren. Porree mit der Soße übergießen und mindestens eine Stunde im Kühlschrank marinieren lassen.
Den Porree auf einer Platte anrichten, mit Paprikawürfel garnieren.
Für 4 Personen
Pro Portion: 90 kcal

Aladins Karottensalat
(Rezept siehe links)

TOFUSOSSE »TARTAR«

150 g Tofu
2 EL Öl
1 EL Essig
2 EL Zitronensaft
1 Prise abgeriebene Schale von einer ungespritzten Zitrone
1 EL Senf
1 TL Honig
Salz
Pfeffer
125 ml kaltes Wasser
2 EL Schnittlauch, fein gehackt
1 EL Petersilie, fein gehackt
1 TL Estragon, fein gehackt
1 kleine Essiggurke, fein gehackt
2 TL Kapern, fein gehackt

Tofu, Öl, Essig, Zitronensaft und -schale, Senf, Honig, Salz, Pfeffer und Wasser im Mixer auf hoher Stufe zu einer glatten Creme pürieren. (Die Soße soll wie Mayonnaise aussehen.) Die restlichen Zutaten von Hand unterrühren, mit Salz und Pfeffer abschmecken.
Für 4 Personen
Pro Portion: 110 kcal

DIE SCHLANKE ALTERNATIVE ZUR FETTEN MAYONNAISE

sind Joghurtmayonnaise und die Tofusoße »Tartar«. Einfach zubereitet und vielseitig einsetzbar, eignen sie sich hervorragend dazu, schnell gekochte Gemüse zu marinieren. Blumenkohl, Spargel, Schwarzwurzeln, aber auch kurz blanchierter Spinat freuen sich über die sämige Begleitung.

JOGHURTMAYONNAISE

1 EL scharfer Senf (Dijon-Senf)
2 EL Zitronensaft
1 Prise Chili
Salz
1 EL Olivenöl
250 g Joghurt (3,5 % Fett)
1 Frühlingszwiebel, feine Ringe
1 EL Petersilie, fein gehackt
3 EL Essiggurken, sehr kleine Würfel

Senf, Zitronensaft, Chili und Salz mit dem Handrührgerät glatt rühren. Zuerst das Öl tropfenweise, dann Joghurt nach und nach unterrühren. Die Soße mit Kräutern und Essiggurken würzen, mit Salz abschmecken.
Für 4 Personen
Pro Portion: 75 kcal

KARTOFFEL-GURKEN-SALAT

500 g festkochende Kartoffeln
5 EL Gemüsebrühe
1/4 TL Liebstöckel
1 Prise Muskat
1 Prise Piment
1 EL Essig
1/2 Zwiebel, sehr kleine Würfel
1 Rezept Joghurtmayonnaise
1/2 Gurke, dünne Scheiben

Kartoffeln in der Schale kochen, am besten im Dämpfeinsatz des Schnellkochtopfs. Kartoffeln etwas auskühlen lassen, schälen und in dünne Scheiben schneiden. Gemüsebrühe erhitzen, mit Liebstöckel, Muskat und Piment würzen. Die Kartoffeln mit der heißen Gemüsebrühe, Essig und Zwiebel vermischen, das macht den Salat saftig. Joghurtmayonnaise unter den Salat mischen, etwas durchziehen lassen. Die Gurken erst kurz vor dem Servieren unterheben.
Für 4 Personen/
Pro Portion: 170 kcal

SELLERIE UND KAROTTEN IN ZITRONENMARINADE

1000 ml Gemüsebrühe
500 g Sellerie, 5 mm dünne Scheiben
200 g Karotten, 5 mm dünne Scheiben
6 Knoblauchzehen
Saft von 1 Zitrone
dünn abgeschnittene Schale von 1/4 ungespritzten Zitrone
1 gute Prise Piment
1/4 TL Thymian
1 EL Olivenöl
Salz

Gemüsebrühe zum Kochen bringen, Sellerie, Karotten, Knoblauch, Zitronensaft, Zitronenschale, Piment und Thymian hinzufügen und zugedeckt 15–18 Minuten leicht köcheln. Die Gemüse sollen weich sein, aber noch Biß haben. Gemüse mit dem Schaumlöffel aus dem Topf heben, in eine Schüssel geben. Die Marinade noch einige Minuten einkochen, vom Feuer nehmen und das Olivenöl mit dem Schneebesen unterrühren. Die Marinade über das Gemüse gießen, mit Salz abschmecken. Den Salat mindestens 2 Stunden im Kühlschrank durchziehen lassen.
Hält sich im Kühlschrank einige Tage.
Für 4–6 Personen
Pro Portion: 65 kcal

AUBERGINEN-JOGHURT-SALAT

Mit Tomaten, Pfefferoni, Oliven und Fladenbrot ein kleiner orientalischer Vorspeisenteller.

1 EL Olivenöl
500 g Auberginen, 1 cm dicke Längsscheiben
Salz
300 g Joghurt (3,5 % Fett)
2 Knoblauchzehen, fein gehackt
Pfeffer

Ein Backblech mit 1/2 EL Öl bestreichen. Auberginenscheiben nebeneinander auf das Blech legen. Leicht salzen.
Die Auberginen im vorgeheizten Ofen bei mittlerer Hitze 10 Minuten backen. Die Auberginen auf einen Teller geben. Das Backblech mit dem restlichen Öl einfetten.
Die Auberginen mit der gebackenen Seite nach oben auf das Blech legen, leicht salzen und nochmals 10 Minuten backen. Die Auberginen in große Stücke schneiden.
Aus Joghurt, Knoblauch, Salz und Pfeffer eine Marinade anrühren.
In eine kleine Schüssel abwechselnd eine Schicht Auberginen und etwas Marinade geben. Mit der Marinade abschließen. Den Salat im Kühlschrank 1 Stunde durchziehen lassen.
Die marinierten Auberginen auf einer Platte anrichten.
Schmeckt gut zum Zucchini-Hirse-Risotto (S. 98).
Für 4 Personen
Pro Portion: 110 kcal

ROTE BOHNEN MIT SCHAFSKÄSE

(Foto Seite 47)

250 g Kidneybohnen
1/4 TL Piment
1 gute Prise Muskat
1 TL Thymian
1 TL Basilikum
ein Stück Schale von einer ungespritzten Zitrone
1 Zwiebel, fein gehackt
4 Knoblauchzehen, fein gehackt
2 TL Oregano, fein gehackt
1/4 TL Chili
4 EL Essig
2 EL Olivenöl
Salz
100 g Schafskäse, kleine Stücke
6 Salatblätter

Bohnen 6 Stunden in kaltem Wasser einweichen. Abgießen, abtropfen lassen. Die Bohnen im Schnellkochtopf mit 800 ml kaltem Wasser, Piment, Muskat, Thymian, Basilikum und Zitronenschale zum Kochen bringen. Topf verschließen und die Bohnen unter Druck 25 Minuten kochen. (Im normalen Kochtopf mit 1 Liter Wasser ca. 1 Stunde Kochzeit.)
Bohnen abgießen, abtropfen lassen, Kochwasser auffangen. Vom Kochwasser 200 ml abmessen und in einem kleinen Topf etwas einkochen lassen, durch ein Sieb gießen, mit Zwiebeln, Knoblauch, Oregano, Chili, Salz, Essig und Olivenöl verrühren. Die Soße mit den Bohnen vermischen. Den Bohnensalat ziehen lassen. Mit Schafskäse garniert auf Salatblättern servieren.
Für 4 Personen
Pro Portion: 195 kcal

PIKANTER SALAT VON WEISSEN BOHNEN

200 g weiße Bohnen
2 EL Öl
1 Zwiebel, fein gehackt
4 Knoblauchzehen, fein gehackt
1 TL Cumin (ganze Körnchen)
1 TL Koriander (ganze Körnchen)
einige Pimentkörner
1/2 TL Oregano
1 gute Prise Chili
1 EL Tomatenmark
3 EL Essig
Salz
1 EL frische Minze oder Petersilie, fein gehackt

Bohnen 6 Stunden im kalten Wasser einweichen, abgießen, abtropfen lassen mit 1 l Wasser zum Kochen bringen, in ca. 1 Stunde weich kochen. (Im Schnellkochtopf werden auch nicht eingeweichte Bohnen in ca. 25 Minuten weich.)
Öl in einer Pfanne erhitzen, Zwiebel und Knoblauch in 10 Minuten goldbraun braten. Gewürze im Mörser zerstoßen, unter die Zwiebeln rühren und kurz anrösten, Tomatenmark unterrühren, kurz erhitzen. Mit 200 ml Bohnenkochwasser aufgießen, die Soße einige Minuten zugedeckt köcheln und durch ein Sieb passieren. Die Bohnen nochmals kurz in der Soße erhitzen, mit Essig und Salz abschmecken, im Kühlschrank durchziehen lassen.
Vor dem Servieren mit Minze vermischen.
Für 4 Personen
Pro Portion: 235 kcal

SUPPEN UND EINTÖPFE

Etwas Warmes braucht der Mensch,

nicht nur an kalten Wintertagen. Zwischen zwei Löffeln Suppe muß der Spruch, »Gut Essen und Trinken hält Leib und Seele zusammen« zum ersten Mal gefallen sein, inspiriert von diesem mollig warmen Gefühl im Magen.

Meiner Einschätzung nach war die Auslöserin jenes, die Jahrhunderte überdauernden Geistesblitzes eine Spinat-Knoblauch-Suppe (S.64), ich gehe aber nicht soweit, zu behaupten, daß er einer Köchin über die Lippe geschlüpft ist!

Eine Suppe, Sie werden den weiteren Ausführungen anmerken, daß ich absolut suppenbegeistert bin, stillt nicht nur den physischen Hunger. Eine dampfende, duftende Suppe hat auch etwas ungemein Tröstliches in sich, wenn der Alltag wieder einmal Wellen schlägt.

Die Tochter verliert das Handballmatch, der Sohn die neue Armbanduhr, die Spülmaschine streikt, der preisgünstige Traumurlaub vor einer Stunde ausgebucht! In dieser Krise durchströmt eine Portion cremige Erbsensuppe (S. 65) beruhigend die aufgebrachten Gemüter.

Hoffnungsvoll gestärkt steht man vom Tisch auf; mit neuer Energie fürs nächste Match die Tochter, Sie mit den ersten Ersparnissen für eine Luxus-Reise, die Suppe hat ja fast nichts gekostet, sogar das Abspülen kein Problem, gerade ein Topf und die Teller. Nur der Sohn muß weiter suchen, die Uhr schwamm nicht in der Schüssel. Aber sämtliche Wunder wirken kann auch die beste Suppe nicht!

Unser Thema heißt jedoch in erster Linie, »schlank und fit« nicht, »wie meistere ich Lebenskrisen mit Erbsensuppe«, – darum jetzt die frohe Botschaft von der Tomatensuppe:

Amerikanische Forschungen kamen zu dem Ergebnis, daß kalorienarme Tomatensuppe, als Vorspeise genossen, bereits ein wohliges Sättigungsgefühl hervorruft, so daß vom kalorienreicheren Hauptgang, ohne die Absicht sich einzuschränken, viel weniger gegessen wird. Dieses »satt und schlank« Spiel kennt keine Grenzen und funktioniert weltweit mit ungarischer Krautsuppe (S. 61), italienischem Gemüsetopf (S. 59), japanischer Misosuppe (S. 69) und indischer Karottencreme (S. 64).

Der erleichternde Suppeneffekt ist ein weiterer Baustein in unserem Programm vom Schlemmen ohne gewichtige Folgen. Denn aus dem Suppentopf kommen ständig neue, köstliche Rezepte, die oft der zufällige Inhalt des Kühlschranks schreibt, weil zum Einkaufen keine Zeit blieb. Sie sollten es, (wie ich) den verzückten Gästen verheimlichen, daß die aufsehenerregende Wintersuppe »Deep Purple« nicht einer begnadeten Eingebung beim Musikhören, sondern den letzten Gemüseresten zu verdanken ist.

TOMATENCONSOMMÉ

Klare Tomatensuppe mit Ingwer und Basilikum.

1 EL Olivenöl
4 Knoblauchzehen, dünne Scheiben
500 ml Gemüsebrühe
300 ml geschälte Tomaten aus der Dose incl. Saft im Mixer püriert
2 TL brauner Zucker
2 Pimentkörner, im Mörser zerstoßen
1 Nelke
1 Prise Muskat, frisch gerieben
50 g Karotten, dünne Scheiben
50 g Porree, längs halbiert, dünne Streifen
50 g Sellerie, kleine Stücke
1/2 TL frischer Ingwer, fein gehackt
Salz
1 EL Basilikum, fein gehackt

Olivenöl in einem kleinen Topf erhitzen. Knoblauch kurz anbraten, der Knoblauch darf nicht braun werden. Mit Gemüsebrühe aufgießen. Die Tomaten im Mixer pürieren, durch ein Sieb streichen, zur Suppe geben. Mit braunem Zucker, Piment, Nelke und Muskat würzen. Die Suppe zugedeckt 7 Minuten leicht köcheln, bis sie klar wird.

Die kleingeschnittenen Gemüse und Ingwer in die Suppe geben, zugedeckt kurz kochen, die Gemüse sollen noch einen guten Biß haben, mit Salz abschmecken, mit Basilikum garniert servieren.

Für 2–3 Personen
Pro Portion: 95 kcal

GEMÜSETOPF »NAPOLI«

Kreuz und quer durch den Garten geht es bei dieser Suppe, sie eignet sich hervorragend dazu, verschiedene Gemüsereste zu einer neuen Kreation zusammenzuführen.
Trotz der langen Zutatenliste, schnell zubereitet, kommen die nährstoff- und aromaschonenden kurzen Garzeiten durch das gleichmäßig sehr klein geschnittene Gemüse zustande.
Dieser Gemüsetopf leidet auch nicht, wenn er einmal kurz wieder aufgewärmt wird.

2 EL Olivenöl
1 Zwiebel, fein gehackt
3 Knoblauchzehen, fein gehackt
800 ml Gemüsebrühe
1 Lorbeerblatt
1/4 TL Liebstöckel
1 Prise Piment
1 Prise Muskat
100 g Karotten, 5 mm dicke Scheiben
50 g Sellerie, kleine Würfel
100 g Brokkoli, kleine Röschen
100 g junge Erbsen
100 g Champignons, 3 mm dünne Scheiben
2 Tomaten, kleine Würfel
1 Handvoll Spinatblätter
1 Bund Basilikum, fein gehackt
1/2 Bund Petersilie, fein gehackt
40 g Parmesan, gerieben

Olivenöl in einem großen Topf erhitzen, Zwiebeln und Knoblauch 5 Minuten unter Rühren goldbraun braten. Mit der Gemüsebrühe aufgießen. Die Gemüsebrühe zum Kochen bringen, mit Lorbeer, Liebstöckel, Piment und Muskat würzen. Karotten und Sellerie dazugeben. 4 Minuten zugedeckt köcheln. Brokkoli, Erbsen und Champignons hinzufügen, die Gemüse zugedeckt 4 Minuten leicht kochen. Zum Schluß Tomaten und Spinat in die Suppe rühren und noch 2 Minuten zugedeckt köcheln.
Die Gemüse sollen weich sein, aber noch einen guten Biß haben. Die Suppe vom Feuer nehmen, Basilikum und Petersilie unterrühren. Dazu Parmesan reichen.
Für 4–6 Personen
Pro Portion: 145 kcal

PORREE-HAFER-SUPPE

1 EL Butter
1/2 Zwiebel, fein gehackt
3 EL Haferflocken
500 g Porree, längs halbiert, 3 mm dünne Streifen
Salz
800 ml Gemüsebrühe
1/4 TL Liebstöckel
1 Prise Piment
1 Prise Muskat
Pfeffer
2 EL Sahne
2 EL Petersilie, fein gehackt

Butter in einem Topf erhitzen, Zwiebeln unter Rühren 3 Minuten anbraten, Haferflocken dazugeben, unter Rühren anrösten, bis die Haferflocken angenehm duften. Porree unterrühren, leicht salzen, kurz mitdünsten, mit der Gemüsebrühe aufgießen.
Die Suppe mit Liebstöckel, Piment, Muskat und Pfeffer würzen, zugedeckt 10–12 Minuten köcheln, der Porree soll weich sein. Sahne unterrühren, Suppe mit Salz und Pfeffer abschmecken, mit Petersilie garniert servieren.
Für 4 Personen
Pro Portion: 140 kcal

BLITZSCHNELLE QUARK-KLÖSSCHEN IN GEMÜSESUPPE

1000 ml Gemüsebrühe
1/4 TL Liebstöckel
20 g Butter
1 Ei
70 g Vollkorngrieß
200 g Magerquark
1 Prise Piment
1 Prise Muskat
Salz
1/2 Karotte, geputzt, sehr feine Streifen
2 Champignons, halbiert, dünne Scheiben
1 EL Schnittlauch, fein geschnitten
1 EL Petersilie, fein gehackt

Gemüsebrühe erhitzen, mit Liebstöckel würzen. Mit dem Handrührgerät Butter schaumig rühren, dann nacheinander Ei und Grieß unterrühren. Die Masse mit Quark vermischen, mit Piment, Muskat und Salz würzen. Mit Teelöffeln Klößchen abstechen. Die Klößchen in der leicht siedenden Suppe 10 Minuten ziehen lassen.
In den letzten 3 Minuten Karottenstreifen und Champignonscheiben dazugeben. Die Suppe mit Schnittlauch und Petersilie garniert servieren.
Für 4 Personen
Pro Portion: 185 kcal

BROT-KNOBLAUCH-SUPPE

Eine gut gewürzte Gemüsebrühe ist die Voraussetzung für dieses Schnell-Spar-Rezept.

2 EL Olivenöl
7 Knoblauchzehen, fein gehackt
1 Zwiebel, fein gehackt
1 EL Sojasoße
1/2 TL Honig
500 ml Gemüsebrühe
1 Lorbeerblatt
2 Pimentkörner
1 Prise Thymian
1 Prise Basilikum
1 Prise Oregano
1 Prise Muskat
80 g altes Weizenvollkornbrot, dünne Scheibchen
50 g Parmesan, gerieben
1 Frühlingszwiebel, feine Ringe

1 1/2 EL Olivenöl in einem kleinen, flachen Topf erhitzen. Knoblauch und Zwiebeln unter Rühren rasch goldbraun anbraten. Mit der Sojasoße ablöschen, Honig dazugeben, Sojasoße unter Rühren einkochen. Mit Gemüsebrühe aufgießen, mit Lorbeer, Piment, Thymian, Basilikum, Oregano, Muskat würzen, zugedeckt 10 Minuten köcheln. Wenn die Suppe zu salzig ist, etwas Wasser nachgießen.
In der Zwischenzeit das restliche Öl in einer Pfanne erhitzen, Vollkornbrot knusprig braun braten.
Brot auf zwei Suppenteller verteilen, mit der Suppe aufgießen, Suppe mit Parmesan und Frühlingszwiebelringen bestreuen. Sofort servieren.
Für 2 Personen
Pro Portion: 380 kcal

KERBELCREMESUPPE MIT FRÜHLINGSGEMÜSE

Im Frühling sollte man sich das zarte Kerbelaroma nicht entgehen lassen, besonders intensiv schmeckt das Kräutlein wildwachsend.

1 EL Butter
1 Zwiebel, fein gehackt
2 EL Mehl, Type 1050
300 ml Milch
800 ml Gemüsebrühe
1 gute Prise Piment
1 gute Prise Muskatblüte
1 Lorbeerblatt
Salz
100 g junge Erbsen
100 g Kohlrabi, feine Scheibchen
50 g Sellerie, kleine Würfel
100 g Karotten, kleine Würfel
50 g Porree, feine Streifen
4 EL trockener Weißwein
etwas abgeriebene Schale von einer ungespritzten Zitrone
Pfeffer
60 g Kerbel, fein gehackt

Butter in einem Topf mit schwerem Boden erhitzen und Zwiebeln glasig dünsten. Das Mehl mit den Zwiebeln vermischen und unter Rühren kurz anrösten, bis es angenehm duftet. (Das Mehl darf nicht dunkel werden, sonst wird die Suppe bitter.)
Milch dazugießen, die Suppencreme mit dem Schneebesen glatt rühren. 200 ml Gemüsebrühe, Piment, Muskatblüte und Lorbeerblatt unterrühren, mit Salz abschmecken, zugedeckt 15 Minuten leicht kochen. Ab und zu mit dem Schneebesen umrühren, damit am Topfboden nichts anklebt.
Während die Suppencreme köchelt, die restlichen 600 ml Gemüsebrühe zum Kochen bringen. Erbsen, Kohlrabi, Sellerie, Karotten und Porree darin in ca. 6 Minuten weich mit Biß kochen.
Die Gemüsesuppe in die Suppencreme rühren, mit Weißwein und Zitronenschale würzen, mit Salz und Pfeffer abschmecken. Die fertige Suppe vom Feuer nehmen, den Kerbel unterrühren.
Für 4 Personen
Pro Portion: 115 kcal

SUPPE, SALAT UND VOLLKORNBROT

sind eine ideale Kombination für die schnelle, gesunde und schlanke Küche.
Während die Suppe friedlich vor sich hinköchelt, wird in aller Ruhe ein Salat zubereitet.

GRÜNE SPARGELCREMESUPPE MIT KRESSE

(Foto Seite 63)

Für das elegante Mai-Menü ein edles, aber nicht sehr arbeitsaufwendiges Süppchen, da grüner Spargel nicht geschält werden muß. Sehr fein mit Brunnen- statt Gartenkresse.

700 g grüner Spargel
1 EL Butter
1 Zwiebel, fein gehackt
2 EL Mehl, Type 1050
300 ml Milch
800 ml Gemüsebrühe
1 gute Prise Piment
1 gute Prise Muskatblüte
1/4 TL Liebstöckel
1/2 TL Basilikum
Salz
4 EL trockener Weißwein
abgeriebene Schale von einer 1/4 ungespritzten Zitrone
Pfeffer
3 EL Kresse

Vom Spargel die trocknen Enden abschneiden.
Spargelköpfe ca. 5 cm lang abschneiden, beiseite legen. Den Rest der Spargel in Stücke schneiden.
Butter in einem Topf mit schwerem Boden erhitzen und Zwiebeln glasig dünsten. Das Mehl mit den Zwiebeln vermischen und unter Rühren kurz anrösten, bis es angenehm duftet. (Das Mehl darf nicht dunkel werden, sonst wird die Suppe bitter.)
Milch dazugießen, die Suppencreme mit dem Schneebesen glatt rühren. 600 ml Gemüsebrühe unterrühren, mit Piment, Muskatblüte, Liebstöckel und Basilikum würzen, mit Salz abschmecken, zugedeckt 5 Minuten leicht kochen. Spargelstücke dazugeben, die Suppe zugedeckt 10 Minuten köcheln, bis der Spargel weich ist. Ab und zu umrühren, damit am Topfboden nichts anklebt. Die Spargelsuppe 1 Minute im Mixer auf höchster Stufe pürieren, durch ein Sieb passieren, zurück in den Topf gießen.
Während die Suppe köchelt, die restliche Gemüsebrühe zum Kochen bringen. Die Spargelköpfe darin in 8 Minuten weich mit Biß dünsten.
Die Spargelköpfe mit Brühe in die Cremesuppe rühren, mit Weißwein und Zitronenschale würzen, erhitzen, mit Salz und Pfeffer abschmecken.
Die Suppe vom Feuer nehmen, 2 EL Kresse unterrühren, mit 1 EL Kresse garnieren.
Für 4 Personen
Pro Portion: 145 kcal

UNGARISCHE KRAUTSUPPE

1 EL Butter
1 Zwiebel, fein gehackt
2 Knoblauchzehen, fein gehackt
150 g Kartoffeln, dünne Scheiben
250 g Weißkraut, 1 cm breite Streifen
1/2 TL Kümmel
1 TL Paprika, edelsüß
Salz
900 ml Gemüsebrühe
1 Prise Chili
1 Prise Muskat
1/4 TL Liebstöckel
100 g Sauerrahm (10% Fett)
1 EL Petersilie, fein gehackt

Butter in einem schweren Topf erhitzen. Zwiebeln und Knoblauch 3 Minuten unter Rühren anbraten. Kartoffeln und Kraut dazugeben, unter Rühren kurz anbraten, Kümmel, Salz und Paprikapulver untermischen, mit Gemüsebrühe aufgießen, mit Chili, Muskat und Liebstöckel würzen.
Die Suppe zugedeckt 12–15 Minuten köcheln, die Gemüse sollen noch einen leichten Biß haben. Suppe vom Feuer nehmen, Sauerrahm mit dem Schneebesen einrühren, mit Petersilie garniert servieren.
Für 4 Personen
Pro Portion: 130 kcal

PARMESANKLÖSSCHENSUPPE MIT SPINAT

150 ml Milch
60 g Vollkorngrieß
Salz
30 g Parmesan
1 Ei
1 Prise Muskat
etwas abgeriebene Schale von einer ungespritzten Zitrone
1000 ml Gemüsebrühe
1/4 TL Basilikum
1/4 TL Thymian
1 Lorbeerblatt
eine Handvoll Spinatblätter
1 EL Porree, feine Streifen

Milch zum Kochen bringen, Grieß einrühren, salzen, unter Rühren rasch einen dicken Grießbrei kochen. Die Masse etwas abkühlen lassen. Parmesan, Ei, Muskat und Zitronenschale unterrühren. Die Masse mit Salz abschmecken.
Gemüsebrühe zum Kochen bringen. Mit Basilikum, Thymian und Lorbeer würzen. Mit Teelöffeln kleine Klößchen abstechen und in der leicht kochenden Suppe 10 Minuten ziehen lassen. In den letzten 2 Minuten Spinat und Porree miterhitzen.
Für 4 Personen
Pro Portion: 140 kcal

KÜRBIS-TOMATEN-CREMESUPPE

Eine mild-cremige Supe, selbst Suppenkaspars wollen einen zweiten Teller davon!

1 EL Öl
1 Zwiebel, fein gehackt
3 Knoblauchzehen, fein gehackt
400 g Kürbis, große Würfel
300 g Tomaten, abgezogen, große Stücke, oder geschälte Tomaten aus der Dose
1/2 TL Basilikum
1/2 TL Oregano
1/4 TL Koriander
1 gute Prise Muskat, frisch gerieben
4 Blättchen frische Minze
2–3 TL Instant Gemüsebrühe
100 ml Buttermilch
1/2 EL Petersilie, fein gehackt
1/2 EL Schnittlauch, fein geschnitten

Öl in einem Topf erhitzen, Zwiebeln und Knoblauch 8–10 Minuten andünsten. Kürbis und Tomaten zu den Zwiebeln geben, kurz andünsten. Basilikum, Oregano, Koriander, Muskat, Minze, Instant Gemüsebrühe und 300 ml Wasser hinzufügen, die Suppe zugedeckt 25 Minuten leicht kochen. Der Kürbis soll weich sein, aber noch Biß haben.
Die Suppe mit der Buttermilch im Mixer pürieren. Die Suppe nochmals erhitzen. (Nicht mehr zum Kochen bringen.)
Petersilie und Schnittlauch unterrühren.
Für 2–3 Personen
Pro Portion: 140 kcal

BERUHIGENDE REISCREMESUPPE

Angenehm für stressige Tage, macht wenig Arbeit, beruhigt den Magen, schont die Haushaltskasse.

70 g Naturreis ungekocht, oder
150 g gekochten Naturreis
1000 ml Gemüsebrühe
1/2 TL Ingwer, fein gehackt
1 Prise Piment
1 kleiner Kohlrabi, feine Streifen
1 Frühlingszwiebel, feine Ringe
1 EL Petersilie, fein gehackt

Reis mit Gemüsebrühe im Schnellkochtopf zum Kochen bringen, mit Ingwer und Piment würzen. Die Suppe 20 Minuten unter Druck kochen. (Im normalen Topf 50 Minuten Garzeit.)
Die Suppe im Mixer pürieren, nochmals erhitzen, Kohlrabi dazugeben, 5 Minuten leicht köcheln, mit Frühlingszwiebeln und Petersilie garniert servieren.
Für 4 Personen
Pro Portion: 85 kcal

Grüne Spargelcremesuppe mit Kresse
(Rezept Seite 61)

SPINAT-KNOBLAUCH-SUPPE

Keine Angst vor den vielen Knoblauchzehen, sie werden im Ganzen gekocht und verlieren dadurch den scharfen Geschmack.
Für die Suppe eignet sich auch tiefgekühlter Blattspinat.

800 ml Gemüsebrühe
15 Knoblauchzehen
150 g Kartoffeln, große Stücke
1 EL Olivenöl
1/2 TL Liebstöckel
1/2 TL Basilikum
1 Prise Piment
1 Prise Muskat
abgeriebene Schale von 1/4 ungespritzten Zitrone
150 g Spinatblätter, ohne Stiele, geputzt gewogen
Salz
Pfeffer
1 TL Zitronensaft
1 EL rote Paprikaschote, feine Würfel

Gemüsebrühe mit Knoblauchzehen, Kartoffeln, Olivenöl, Liebstöckel, Basilikum, Piment, Muskat und Zitronenschale zum Kochen bringen. Zugedeckt 20 Minuten leicht kochen. Spinat unterrühren und die Suppe 3 Minuten leicht kochen.
Die Suppe im Mixer zu einer glatten Cremesuppe pürieren. Nochmals kurz erhitzen, mit Salz und Pfeffer abschmecken, vom Feuer nehmen, mit Zitronensaft würzen.
Die Spinatsuppe mit Paprikawürfeln garniert servieren.
Für 4 Personen
Pro Portion: 105 kcal

INDISCHE KAROTTENSUPPE MIT WIRSING

Statt der Gewürze können Sie die Suppe auch mit 1 TL Currypulver abschmecken.

2 EL Öl
1 Zwiebel, fein gehackt
2 Knoblauchzehen, fein gehackt
1/2 TL frischer Ingwer, fein gehackt
1/2 TL Cumin
1/2 TL Koriander
1/2 TL Curcuma
1 Prise Piment
1 Prise Muskat
1 Prise Chili
400 g Karotten, 2 cm dicke Scheiben
900 ml Gemüsebrühe
abgeriebene Schale von 1/4 ungespritzten Zitrone
100 g Joghurt
100 g Wirsingblätter
Salz

Öl in einem Topf erhitzen, Zwiebeln und Knoblauch unter Rühren 5 Minuten anbraten, Ingwer, Cumin, Koriander, Curcuma, Piment, Muskat und Chili unterrühren und kurz miterhitzen.
Karotten mit den Zwiebeln vermischen, mit Gemüsebrühe aufgießen, mit Zitronenschale würzen und die Suppe zugedeckt 20 Minuten leicht köcheln. Die Karotten sollen weich sein und nur noch einen leichten Biß haben. Die Suppe mit Joghurt im Mixer auf höchster Stufe cremig pürieren, zurück in den Topf geben.
Wirsingblätter in kochendem Salzwasser 2 Minuten blanchieren, mit dem Schaumlöffel herausheben und sofort in kaltem Wasser abschrecken, so behalten sie ihre intensive grüne Farbe. Die Wirsingblätter in einem Sieb gut abtropfen lassen, in feine Streifen schneiden.
Die Suppe nochmals erhitzen, mit Salz abschmecken, 2/3 der Wirsingblätter unterrühren.
Die heiße Suppe in eine Schüssel geben, mit den restlichen Wirsingblättern garnieren.
Für 4 Personen
Pro Portion: 115 kcal

MEXIKANISCHE BOHNENSUPPE »SPEEDY GONZALES«

Die allerschnellste Bohnensuppe der Welt.

200 g Wachtelbohnen
1 1/2 Zwiebeln, fein gehackt
4 Knoblauchzehen, fein gehackt
2 EL Olivenöl
1/2 TL Cumin
1/2 TL Koriander
1/2 TL Paprika, edelsüß
1/2 TL Oregano
1 gute Prise Chili
1 Prise Piment
1 Prise Muskat
1 Lorbeerblatt
1–2 Würfel Gemüsebrühe
1/8 l passierte Tomaten

Bohnen, Zwiebeln und Knoblauch mit 800 ml Wasser in den Schnellkochtopf geben. Die Bohnen im Schnellkochtopf 20–25 Minuten weich kochen. Die Suppe mit den restlichen Zutaten würzen und noch 10 Minuten leicht köcheln.
Für 4 Personen
Pro Portion: 220 kcal

WINTERSUPPE »DEEP PURPLE«

Im kalten Winter heizt diese »tief rote« Suppe kräftig ein. Auch in größeren Mengen einfach zubereitet, ist sie mit Vollkornbrot serviert ein beliebter Mitternachts-Imbiß für die Party. Kann im Schnellkochtopf zubereitet werden und verliert auch nicht an Aroma, wenn sie einmal aufgewärmt wird.

1 EL Butter
1 Zwiebel, Ringe
3 Knoblauchzehen
1 Lorbeerblatt
1/2 TL Paprika edelsüß
1 Prise Paprika, scharf
1/2 TL Liebstöckel
1/2 TL Koriander
1/4 TL Oregano
1 Prise Piment
150 g mehlige Kartoffeln, große Stücke
50 g Karotten, große Stücke
50 g Sellerie, große Stücke
300 g Rote Rüben, Stücke
Salz
1000 ml Gemüsebrühe
abgeriebene Schale von 1/4 ungespritzter Zitrone
100 ml Sauerrahm, 10% Fett
1/2 EL Zitronensaft
2 EL Dill, fein gehackt

Butter in einem großen, schweren Topf schmelzen, Zwiebeln und Knoblauch darin 7 Minuten goldgelb andünsten, ab und zu umrühren. Die Gewürze unter die Zwiebeln rühren, kurz erhitzen, Kartoffeln, Karotten, Sellerie und Rote Rüben dazugeben, leicht salzen, kurz andünsten, mit der Gemüsebrühe aufgießen und die Suppe mit Zitronenschale würzen. Zugedeckt 30 Minuten leicht köcheln. (Im Schnellkochtopf verkürzt sich die Kochzeit auf 10 Minuten.) Die Gemüse sollen weich sein, aber noch einen leichten Biß haben.
Lorbeerblatt aus der Suppe fischen, die Suppe mit Sauerrahm im Mixer auf hoher Stufe cremig pürieren.
Die Suppe nochmals kurz erhitzen, vom Feuer nehmen, mit Zitronensaft würzen und mit Dill garniert servieren.
Das Rot der Suppe wird noch intensiver, wenn ein strahlend weißer Klacks Sauerrahm in der Suppenschüssel schwimmt. Oder Sie reichen getrennt zur Suppe eine Dillsoße, dann findet die Farbenpracht in jedem einzelnen Teller statt.
Für 4–6 Personen
Pro Portion: 120 kcal

DILLSOSSE

50 g Sauerrahm, 10%
150 g Joghurt
1 Bund Dill, fein gehackt
Salz
Pfeffer

Alle Zutaten gut verrühren.
Für die gesamte Menge: 140 kcal

SPLIT-PEA-SOUP, AMERIKANISCHE ERBSENSUPPE

Schnell, deftig, nahrhaft.
Auch in großen Mengen einfach zubereitet.

250 g halbierte, gelbe Erbsen
1 Lorbeerblatt
2–3 Gemüsebrühwürfel
1 TL Liebstöckel
1 gute Prise Piment
1 Prise Muskat
1 EL Butter
1 Prise abgeriebene Schale von einer ungespritzten Zitrone
Salz
150 g Karotten, dünne Scheiben
50 g Sellerie, feine Streifen
1 TL Zitronensaft
1 EL Petersilie, fein gehackt

Erbsen mit 1250 ml kaltem Wasser und Lorbeerblatt zum Kochen bringen, zugedeckt in ca. 50 Minuten weich kochen. (Im Schnellkochtopf verkürzt sich die Kochzeit auf 20 Minuten.) Lorbeerblatt aus der Suppe fischen, die Suppe mit Gemüsebrühwürfeln, Liebstöckel, Piment, Muskat, Butter und Zitronenschale würzen und im Mixer cremig pürieren. Die Suppe nochmals erhitzen, mit Salz abschmecken. Karotten und Sellerie dazugeben, noch 5 Minuten leicht kochen.
Suppe vom Feuer nehmen, mit Zitronensaft würzen, mit Petersilie garniert servieren.
Für 4 Personen
Pro Portion: 255 kcal

TOMATENSUPPE

(Foto Seite 67)

Ein sommerliches Suppenvergnügen, eignet sich zum Einfrieren.

1 EL Butter
1 EL Olivenöl
1 Zwiebel, gewürfelt
6 Knoblauchzehen, ganz
1 EL Mehl, Type 1050
50 g Karotten, kleine Stücke
50 g Sellerie, kleine Stücke
1 EL Petersilienwurzel, gerieben
1000 g Tomaten, Stücke
250 ml Gemüsebrühe
1 TL Honig
1/2 TL Thymian
1/2 TL Oregano
1/2 TL Basilikum
1 Lorbeerblatt
1 Prise Piment
Pfeffer
1 Tomate, abgezogen, feine Scheiben
1 Bund Schnittlauch, fein geschnitten

Butter und Olivenöl in einem Topf mit schwerem Boden schmelzen. Zwiebeln und Knoblauch darin glasig dünsten. Karotten, Sellerie, Petersilienwurzel dazugeben, unter Rühren kurz anbraten, mit Mehl bestreuen, 3 Minuten anschwitzen. Tomaten, Brühe, Honig, Thymian, Oregano, Basilikum, Lorbeerblatt, Piment hinzufügen, alles gut verrühren und zugedeckt 30 Minuten leicht kochen, ab und zu umrühren.
Die Suppe im Mixer pürieren, durch ein Sieb streichen oder mit der flotten Lotte durchpassieren. Suppe nochmals kurz erhitzen, mit Salz und Pfeffer abschmecken. Vom Feuer nehmen, Schnittlauch unterrühren, mit Tomatenscheiben garniert servieren.
Für 4–6 Personen
Pro Portion: 125 kcal

BROKKOLI-KARTOFFEL-CREMESUPPE

Die Brokkoliröschen werden getrennt gekocht, dadurch erhalten sie ihr kräftiges Grün und bilden einen schönen Farbkontrast in der hellen Kartoffelcreme.

1 EL Butter
2 Zwiebeln, feine Scheiben
4 Knoblauchzehen
150 g Kartoffeln, große Stücke
Salz
1000 ml Gemüsebrühe
1/2 TL Liebstöckel
1 Prise Muskat
1 Prise Piment
1 Prise abgeriebene Zitronenschale von einer ungespritzten Zitrone
Pfeffer
100 g Sauerrahm (10% Fett)
250 g Brokkoli, sehr kleine Röschen

Butter in einem großen Topf schmelzen, Zwiebeln und Knoblauch 5 Minuten andünsten, Kartoffeln dazugeben, leicht salzen, kurz andünsten, mit 750 ml Gemüsebrühe aufgießen, mit Liebstöckel, Muskat, Piment, Zitronenschale und Pfeffer würzen. Die Suppe zugedeckt 20 Minuten köcheln, vom Feuer nehmen, mit Sauerrahm im Mixer auf höchster Stufe cremig pürieren und zurück in den Topf geben. Die Suppe wieder erhitzen, aber nicht mehr zum Kochen bringen, sonst flockt der Sauerrahm aus. Die restliche Brühe in einem kleinen Topf zum Kochen bringen, den Brokkoli darin in 4 Minuten weich »mit Biß« kochen. Brokkoli mit der Gemüsebrühe unter die Kartoffelcreme rühren.
Würzen Sie die Kartoffelcreme mit 1 TL Curcuma (Gelbwurz) und Sie haben ein gelbgrünes Farbspiel im Teller.
Für 4–6 Personen
Pro Portion: 105 kcal

Tomatensuppe
(Rezept siehe links)

INDISCHE LINSENSUPPE MIT AROMATISCHER KOKOSMILCH

(Foto Seite 71)

Kleine orangerote Linsen werden in aromatischer Brühe gegart. Ganz stilecht mit etwas Limonensaft abgeschmeckt und mit frischem, gehacktem Koriander garniert.

100 g Kokosflocken, ungesüßt
1000 ml Wasser
250 g kleine, orange Linsen
1 Zwiebel, fein gehackt
4 Knoblauchzehen, fein gehackt
1 TL frischer Ingwer, fein gehackt
1 TL Curcuma (Gelbwurz)
1 TL Cumin
1/2 TL Koriander
1/4 TL Zimt
1/4 TL Chili
1 gute Prise Kardamom
abgeriebene Schale
von 1/2 ungespritzten Zitrone
2–3 Gemüsebrühwürfel
Salz
Saft von 1/2 Zitrone oder Limone
2 EL Petersilie oder frischer
Koriander, fein gehackt

Kokosflocken mit 400 ml Wasser erhitzen, im Mixer 2 Minuten auf höchster Stufe pürieren, durch ein Sieb streichen.
Kokosmilch mit dem restlichen Wasser, Linsen, Zwiebeln und Knoblauchzehen in einen Topf geben. Zum Kochen bringen, mit Ingwer, den Gewürzen und abgeriebener Zitronenschale würzen. Die Linsensuppe zugedeckt ca. 35 Minuten leicht kochen, bis die Linsen weich sind. Die Suppe mit Gemüsebrühe würzen, bei geöffnetem Topf noch 5 Minuten köcheln. Suppe mit Salz abschmecken. Vom Feuer nehmen, mit Zitronensaft würzen, mit Petersilie garniert servieren.
Für 4 Personen
Pro Portion: 330 kcal

GRÜN-WEISSE SUPPE MIT TOFU

Leicht gebunden, unaufdringlich süß-sauer.

1000 ml schwach gesalzene
Gemüsebrühe
1 EL Sojasoße
1 EL Weißwein
1 TL Essig
1 TL Honig
1 Prise Chili
1 Nelke
50 g Tofu, kleine Würfel
1 EL Öl
2 Knoblauchzehen, fein gehackt
150 g Blumenkohl,
sehr kleine Röschen
2 Stiele Stangensellerie,
3 mm dünne Scheiben
Salz
100 g Zucchini, 3 mm dünne
Scheiben
2 TL Speisestärke
1 EL Schnittlauch, fein geschnitten
1 EL Petersilie oder frischer
Koriander, fein gehackt

Die Gemüsebrühe mit Sojasoße, Weißwein, Essig, Honig, Chili und Nelke zugedeckt zum Kochen bringen. Tofu in die köchelnde Suppe geben.
In einem Wok oder einer Pfanne das Öl erhitzen, Knoblauch kurz unter Rühren anbraten. Blumenkohl und Stangensellerie hinzufügen, leicht salzen, unter Rühren 2 Minuten braten. Zucchini dazugeben, unter Rühren 1 Minute braten. Die Gemüse in die Suppe geben und zugedeckt 2 Minuten leicht köcheln, die Gemüse sollen noch einen guten Biß haben.
Speisestärke mit 2 EL kaltem Wasser glatt rühren, in die Suppe einrühren, kurz aufkochen.
Die Suppe vom Feuer nehmen, mit Schnittlauch und Petersilie garniert servieren.
Für 4 Personen
Pro Portion: 85 kcal

MISO,

eine durch natürliche Fermentation gewonnene Paste aus Sojabohnen, Getreide und Meersalz, ist ein traditionelles japanisches Nahrungsmittel und die Urform der Instantsuppe. Die Zubereitung einer Misosuppe ist denkbar einfach: Miso wird mit etwas Brühe glatt gerührt und in die fertige, sehr schwach gesalzene Suppe gerührt. Die Suppe darf nicht mehr aufkochen, da sonst die wertvollen Milchsäurebakterien zerstört werden.
Miso gibt es in Naturkostgeschäften und Reformhäusern.

MISOSUPPE »NEPTUN« MIT KAROTTEN, HIJIKI UND FRÜHLINGSZWIEBELN

1 EL getrocknete Hijikialgen
500 ml Gemüsebrühe
500 ml Wasser
1 TL frischer Ingwer, fein gehackt
1 Karotte, 2 mm dünne Scheibchen
2 EL Reis- oder Gerstenmiso (ca. 60–80 g)
1 Frühlingszwiebel, feine Ringe

Hijiki in kaltem Wasser 15 Minuten einweichen.
Gemüsebrühe mit Wasser und Ingwer zum Kochen bringen. Hijiki abgießen, abtropfen lassen, in die Suppe geben, 4 Minuten zugedeckt köcheln, Karottenscheiben dazugeben, 2 Minuten köcheln.
Die Misopaste mit 3 EL kaltem Wasser anrühren.
Die Suppe vom Feuer nehmen, Miso einrühren, nicht mehr erhitzen!
Die Suppe mit Frühlingszwiebelringen garniert servieren.
Für 4 Personen
Pro Portion: 55 kcal

MISOSUPPE MIT GEMÜSEBLÜTEN

Zur Abwechslung schwimmen in dieser Suppe blütenförmig geschnittene Gemüse.
Es geht ganz einfach: In die ganze, geputzte Karotte und das Rettichstück der Länge nach, mit einem scharfen Messer, in gleichen Abständen 5 kleine Kerben schneiden. Jetzt können Sie dünne Scheiben mit 5 Blütenblättern abschneiden.

500 ml Gemüsebrühe
500 ml Wasser
1 kleine Karotte, 3 mm dünne Scheiben
100 g weißer Rettich, 3 mm dünne Scheiben
100 g Porree, längs halbiert, 1 cm breite Streifen
1 TL ungeschälte Sesamkörner
2 EL Reis- oder Gerstenmiso (60–80 g)

Gemüsebrühe und Wasser zum Kochen bringen, Gemüse dazugeben, 4 Minuten zugedeckt köcheln.
Sesam in einer trockenen Pfanne kurz anrösten, bis die Körner anfangen hochzuspringen.
Miso mit 3 EL kaltem Wasser zu einer glatten Creme rühren. Die Suppe vom Feuer nehmen, Miso unterrühren, nicht mehr erhitzen.
Die Suppe mit Sesam garniert servieren.
Für 4 Personen
Pro Portion: 55 kcal

MEERESGEMÜSE

ist ein wichtiges japanisches Grundnahrungsmittel. Es bereichert Misosuppen um eine angenehm würzige Geschmacksvariante.
Meeresgemüse enthält Vitamine und Mineralstoffe in einer weit höheren Konzentration als die Gemüse, die auf dem Land wachsen.
Zu kaufen gibt es verschiedene, getrocknete Sorten in Naturkostgeschäften, Reformhäusern und japanischen Lebensmittelgeschäften.

PROVENÇALISCHER LINSEN-EINTOPF MIT TOMATEN

Ein nahrhaftes Schnellgericht.

200 g Linsen
2 Zwiebeln, fein gehackt
2 EL Olivenöl
1 Lorbeerblatt
1 Nelke
1 Pimentkorn
6 Knoblauchzehen, fein gehackt
500 g Tomaten, abgezogen, geviertelt, oder geschälte Tomaten aus der Dose
1/2 TL Basilikum
1/4 TL Oregano
1/4 TL Thymian
Salz
schwarzer Pfeffer
2 Gemüsebrühwürfel
1 Bund Petersilie, fein gehackt

Linsen kalt waschen. Die abgetropften Linsen mit 600 ml kaltem Wasser im offenen Schnellkochtopf zum Kochen bringen. Wenn sich Schaum auf den Linsen bildet, abschöpfen.
Zwiebeln, 1 EL Olivenöl, Lorbeerblatt, Nelke und Piment zu den Linsen geben. Schnellkochtopf verschließen, die Linsen unter Druck 15 Minuten kochen.
Das restliche Öl in einer Pfanne erhitzen, Knoblauch kurz anbraten, Tomaten, Basilikum, Oregano, Thymian hinzufügen, mit Salz und Pfeffer würzen.
Die Tomaten in 8 Minuten zu einer dicken Soße einkochen. Ab und zu umrühren.
Die Tomatensoße unter die gekochten Linsen rühren. Den Eintopf mit Instant Gemüsebrühe würzen, noch 3 Minuten köcheln lassen.
Vom Feuer nehmen, Petersilie unterrühren.
Für 4 Personen
Pro Portion: 255 kcal

FLORENTINER BOHNENGEMÜSETOPF

100 g weiße Bohnen, 6 Stunden eingeweicht
2 EL Olivenöl
1 Zwiebel, fein gehackt
5 Knoblauchzehen, fein gehackt
1 Lorbeerblatt
2–3 Gemüsebrühwürfel
1/2 TL Basilikum
1/2 TL Oregano
ein paar Blättchen frische Minze
schwarzer Pfeffer, frisch gemahlen
100 g grüne Bohnen, 3 cm lange Stücke
100 g Karotten, dünne Scheiben
50 g Sellerie, kleine Würfel
100 g Porree, Ringe
200 g Tomaten, abgezogen, Würfel, oder geschälte Tomaten aus der Dose
100 g Zucchini, Scheiben
1 EL Petersilie, fein gehackt

Die weißen Bohnen abgießen, abtropfen lassen, mit 1 Liter kaltem Wasser im Schnellkochtopf zum Kochen bringen, eventuell auftretenden Schaum abschöpfen. Öl, Zwiebeln, Knoblauch und Lorbeerblatt hinzufügen. Die Bohnen unter Druck in 20–30 Minuten weich kochen.
Bohnen mit Instant Gemüsebrühe, Basilikum, Oregano, Minze und Pfeffer würzen. Grüne Bohnen, Karotten und Sellerie dazugeben, den Eintopf zugedeckt 7 Minuten leicht kochen. Porree und Tomaten hinzufügen und zugedeckt 10 Minuten leicht kochen. Zum Schluß die Zucchinischeiben unter die Gemüse rühren und 2–3 Minuten köcheln. Die Gemüse sollen weich sein, dürfen aber nicht zerfallen.
Den Eintopf mit Petersilie garniert servieren.
Eignet sich hervorragend zum Wiederaufwärmen.
Für 4 Personen
Pro Portion: 170 kcal

Indische Linsensuppe mit aromatischer Kokosmilch (Rezept Seite 68)

Pasta

Tomaten statt Sahne

Dieses Vorurteil hält sich hartnäckig: Nudeln (und auch Kartoffeln) machen dick. Bitteres Unrecht wird den kohlenhydratreichen Energiespendern damit angetan, denn sie sind unschuldig, wenn durch Pastagerichte ein dauerhafter Erfolg der schlanken Linie sabotiert wird. Die wirklichen Verantwortlichen sind zuviel Sahne, Käse, Butter, Öl und Fleisch in der Soße.

Keine Angst, auf vielfältigste Umrahmung der heißgeliebten Nudeln muß trotzdem nicht verzichtet werden, das wäre unerträglich, denn Pasta ganz ohne schmeichelnde Begleitung bliebe trocken im Hals stecken.

Es ist die unpassende Verbindung von dünnen Spaghettis und dicken Soßen, welche den Ansprüchen einer leichten Naturküche nicht gerecht wird.

Zucchini, Auberginen, Spinat, Pilze, Brokkoli, Porree, selbstverständlich immer wieder Tomaten, Zwiebeln, aber auch Karotten, Sellerie, Sprossen, Kartoffeln, Kraut und Bohnen sind die vitalisierenden Zutaten der neuen, saftigen Pastagerichte, die mit üppig Knoblauch und frischen Kräutern abgerundet werden. Auch pikanter, fein geriebener Käse, wohldosiert, muß nicht fehlen.

Und weil die Pasta als wahres »Allerweltsgericht« überall zu Hause ist, kommt in der Abteilung fettarme, energie- und vitaminreiche Nudelspeisen keine Langeweile auf. In China werden Spaghetti, Gemüse, Sprossen und Tofu im Wok unter Rühren gebraten, pikant abgeschmeckt mit Chili, Ingwer und Sojasoße. In Japan würzt Meerrettich den beliebten Sobanudeltopf und in Wien stehen Krautfleckerln ganz oben auf der Speisekarte.

Damit sie sich langfristig durchsetzt, muß die neue, schlanke Küche auch eine einfache, schnelle Küche sein.

Pastagerichte passen perfekt in dieses zukunftsweisende Konzept, das uns vor der Alleinherrschaft des Büchsenöffners und der mikrogewellten Fertiggerichte bewahren wird.

In 20 Minuten sind Spaghetti mit Paprika, Oliven und Kapern (S. 76) fertig. Tagliatelle mit Räucherkäse und grünem Pfeffer (S. 76) kochen problemlos schon 12jährige Kinder, und wer ernsthaft darauf besteht, daß 15 Minuten für die Porree-Roquefortsoße ein zu großer Aufwand sind, dem ist nur noch der Besuch einer Fast-Food-Kette zu empfehlen. Mampf!

SPAGHETTI MIT PORREE UND ROQUEFORT

Die Soße ist in der Kochzeit der Spaghetti fertig!

150 g Vollkorn-Spaghetti
Salz
1/2 EL Butter
250 g Porree, längs halbiert, 5 mm feine Streifen
2 Tomaten, abgezogen, kleine Schnitze oder geschälte Tomaten aus der Dose
1/2 TL Basilikum
2 EL Sahne
60 g Roquefort, kleine Stücke
1 EL Petersilie, fein gehackt
schwarzer Pfeffer

Spaghetti in reichlich Salzwasser bißfest kochen.

In der Kochzeit der Spaghetti in einer schweren Pfanne die Butter schmelzen, Porree dazugeben, leicht salzen und unter Rühren 3 Minuten braten. Tomaten unterrühren, mit Basilikum würzen, die Gemüse zugedeckt 3 Minuten dünsten, die Tomatenschnitze sollen nicht zerfallen.

Sahne und 2 EL Spaghettikochwasser in das Gemüse rühren, das Gemüse noch 1 Minute dünsten. In einer vorgewärmten Schüssel die abgegossenen und gut abgetropften heißen Spaghetti, Roquefort, Petersilie und Gemüse vermischen, mit Salz und Pfeffer abschmecken, sofort servieren.

Für 2 bis 3 Personen
Pro Portion: 310 kcal

PENNE MIT SPINAT UND SCHAFSKÄSE

500 g Spinat, geputzt gewogen
oder 250 g Blattspinat, tiefgekühlt
Salz
250 g Vollkorn-Penne
2 EL Olivenöl
3 Knoblauchzehen, fein gehackt
1 Zwiebel, fein gehackt
1/2 TL Oregano
1/2 Rezept Tomaten-Basilikum-Sugo (S. 74)
oder 200 ml passierte Tomaten
Pfeffer
1/4 TL Basilikum
50 g Schafskäse, fein zerbröselt
10 Oliven
1 Frühlingszwiebel, feine Ringe

Spinat im kochenden Salzwasser kurz blanchieren, abgießen, abtropfen lassen, in mundgerechte Stücke schneiden. (Entfällt bei tiefgekühltem Spinat.)
Penne im kochenden Salzwasser al dente kochen.
In der Zwischenzeit in einer großen Pfanne 1 EL Olivenöl erhitzen, Knoblauch und Zwiebeln unter Rühren anbraten, bis sie leicht braun sind. Spinat dazugeben, salzen, mit Oregano würzen, unter Rühren 2 Minuten braten, vom Feuer nehmen.
In einer kleinen Pfanne das restliche Öl erhitzen, mit passierten Tomaten aufgießen. Die Soße kurz erhitzen, mit Salz, Pfeffer und Basilikum würzen. Die Penne abgießen, abtropfen lassen (nicht kalt abschrecken!), in einer vorgewärmten Schüssel mit Tomatensoße, Spinat, Schafskäse, den entsteinten und halbierten Oliven und Frühlingszwiebeln vermischen, mit Salz und Pfeffer abschmecken.
Sofort servieren.
Für 4 Personen
Pro Portion: 360 kcal

SPAGHETTI »CAMPAGNOLO« MIT KARTOFFELN UND BOHNEN

Eine ungewöhnliche, aber sehr gelungene Kombination aus dem Süden Italiens, gerade recht für den großen Hunger.
Die Zubereitungszeit dauert nicht viel länger als die Kochzeit der Spaghetti!

100 g Kartoffeln, kleine Würfel
250 g Sojaspaghetti
Salz
2 EL Olivenöl
1 Zwiebel, fein gehackt
4 Knoblauchzehen, fein gehackt
1 TL Pfefferoni, fein gehackt
200 g Zucchini, längs halbiert, 5 mm dicke Scheiben
500 g Tomaten, abgezogen, Schnitze oder 1/3 Rezept Tomatensoße (S. 74)
200 g gekochte Kidneybohnen (aus der Dose) abgetropft
1 TL Thymian, fein gehackt
1 kleines Bund Basilikum, fein gehackt

Die Kartoffeln müssen so klein geschnitten sein, daß sie in der Kochzeit der Spaghetti weich werden.
Spaghetti und Kartoffeln in reichlich Salzwasser al dente kochen, abgießen und abtropfen lassen. In der Zwischenzeit Olivenöl in einer großen Pfanne erhitzen, Zwiebeln, Knoblauch und Pfefferoni 2 Minuten unter Rühren anbraten. Zucchini dazugeben, salzen und unter Rühren 2 Minuten braten. Tomaten, Bohnen und Thymian hinzufügen, die Gemüse zugedeckt 5 Minuten leicht köcheln, mit Salz abschmecken.
Die heißen Spaghetti und die Kartoffeln in eine große vorgewärmte Schüssel geben und mit Gemüse und Basilikum vermischen.
Mit Parmesan servieren.
Für 4 Personen
Pro Portion: 480 kcal

ÖFTER MAL RÜHREN

Damit bei den geringen Ölmengen die gehackten Zwiebeln und Knoblauch nicht anbrennen, sondern aromatisch goldbraun werden, sollten Sie Töpfe und Pfannen mit dickem Boden verwenden und öfters als gewohnt umrühren.
Mit gut weich gebratenen Zwiebeln gelingen sämige Soßen auch mit wenig Fett.

BROKKOLI, PILZE UND TOMATEN

(Foto Seite 31)

2 EL Olivenöl
1 Zwiebel, fein gehackt
3 Knoblauchzehen, fein gehackt
400 g Brokkoli, kleine Röschen
300 g Pilze, 3 mm dicke Scheiben
1/4 TL Thymian
Salz
Pfeffer
125 ml Gemüsebrühe
300 g Tomaten, geschält, kleine Würfel
3 EL Basilikum, fein gehackt
1 TL Oregano, fein gehackt
50 g Parmesan, gerieben

Olivenöl in einem flachen, schweren Topf mit gut schließendem Deckel erhitzen. Zwiebeln und Knoblauch 3 Minuten anbraten. Brokkoli und Pilze dazugeben, mit Thymian, Salz und Pfeffer würzen. Das Gemüse zugedeckt 8 Minuten bei milder Hitze im eigenen Saft dünsten. Gemüsebrühe und Tomaten dazugeben, zugedeckt noch ca. 8 Minuten dünsten, der Brokkoli soll noch einen guten Biß haben. Vom Feuer nehmen, mit Basilikum und Oregano würzen.
Die Gemüsesoße mit Parmesan zu Pasta reichen.
Für 4–6 Personen
Pro Portion: 105 kcal

TOMATEN-BASILIKUM-SUGO

Die schnellste Pasta-Soße aus frischen Tomaten. Auch eine saftige Begleitung vieler Gemüsegerichte.

2 EL Olivenöl
5 Knoblauchzehen, fein gehackt
1 Zwiebel, fein gehackt
1000 g Tomaten, Schnitze
1/2 TL Thymian
1/2 TL Oregano
1 Lorbeerblatt
Pfeffer
Salz
1 kleines Bund Basilikum, fein gehackt

Olivenöl in einem flachen Topf erhitzen, Knoblauchzehen und Zwiebeln in 10 Minuten goldgelb braten. Tomaten zufügen, mit Thymian, Oregano, Lorbeer, Pfeffer und Salz würzen. Die Tomaten in 15–20 Minuten zu einer dicken Soße einkochen. Ab und zu umrühren. Die Soße durchpassieren. (Auch hier empfiehlt sich die Flotte Lotte.)
Die Tomatensoße zurück in den Topf geben, nochmals kurz erhitzen, mit Pfeffer und Salz abschmecken, vom Feuer nehmen und das frische Basilikum unterrühren.
Eignet sich gut zum Einfrieren, für sommerliche Pastagerichte im kalten Winter.
Für 4–6 Personen
Pro Portion: 75 kcal

ZUCCHINI MIT TOMATEN-SUGO

(Foto Seite 75)

250 g Soja- oder Hirsespaghetti
Salz
1 EL Olivenöl
2 Knoblauchzehen, fein gehackt
500 g Zucchini, sehr kleine Würfel
Pfeffer
1/2 Rezept Tomaten-Basilikum-Sugo
1 EL Petersilie, fein gehackt

Spaghetti in reichlich Salzwasser al dente kochen, abgießen, abtropfen lassen.
In der Kochzeit der Nudeln das Olivenöl in einer Pfanne erhitzen, Knoblauch kurz anbraten, Zucchini dazugeben, unter Rühren bei guter Hitze kurz braten. Die Zucchini sollen knackig bleiben. Mit Salz und Pfeffer würzen, Zucchini unter den heißen Tomaten-Basilikum-Sugo mischen, nicht mehr kochen! Mit Petersilie garniert zu den Nudeln servieren.
Dazu frisch geriebenen Parmesan.
Für 4 Personen
Pro Portion: 320 kcal

Zucchini mit Tomatensugo
(Rezept siehe oben)

PASTA MIT GEBACKENEN TOMATEN, AUBERGINEN UND ZUCCHINI

Gemüse nicht traut vereint im Topf geschmort, sondern jedes für sich im eigenen Saft gebacken.

2 EL Olivenöl
400 g Auberginen,
1 cm dicke Längsscheiben
300 g Zucchini
1,5 cm dicke Längsscheiben
Salz
4 Tomaten
250 g Vollkornspaghetti
4 Knoblauchzehen, fein gehackt
3 EL Basilikum, fein gehackt
1 TL Oregano, fein gehackt
1/2 TL Thymian, fein gehackt
80 g Parmesan, gerieben
Pfeffer

1 großes Backblech mit 1/2 EL Olivenöl bestreichen, darauf nebeneinander Auberginen- und Zucchinischeiben legen, leicht salzen. Tomaten am Stielansatz über Kreuz einschneiden, auf das Blech geben. Die Gemüse insgesamt 20 Minuten im vorgeheizten Ofen bei mittlerer Hitze backen. Auberginen- und Zucchinischeiben nach 10 Minuten umdrehen (eventuell das Blech nochmals einfetten).
Die gebackenen Auberginen und Zucchini in mundgerechte Stücke schneiden, Tomaten schälen und das Fruchtfleisch in kleine Würfel schneiden.
In der Backzeit der Gemüse reichlich Salzwasser zum Kochen bringen, die Spaghetti al dente kochen, abgießen, abtropfen lassen und in einer vorgewärmten Schüssel mit 1 EL Olivenöl, dem Gemüse, Knoblauch, Kräutern und der Hälfte des Parmesans vermischen.
Die Pasta mit Salz abschmecken und mit frisch zerstoßenem Pfeffer bestreut servieren.
Den restlichen Parmesan dazu reichen.
Für 4 Personen
Pro Portion: 390 kcal

TAGLIATELLE MIT RÄUCHERKÄSE UND GRÜNEM PFEFFER

250 g Sojanudeln
Salz
1/2 EL Olivenöl
2 Knoblauchzehen, fein gehackt
200 ml passierte Tomaten oder
1/2 Rezept Tomaten-Basilikum-Sugo
2 EL Sauerrahm
60 g naturgeräucherter Käse,
fein gerieben
1 TL grüner Pfeffer, grob gehackt
1 EL Petersilie, fein gehackt
3 Frühlingszwiebeln, feine Ringe

Nudeln in reichlich Salzwasser al dente kochen.
In der Zwischenzeit in einer kleinen Pfanne das Öl erhitzen. Knoblauch unter Rühren kurz anbraten, mit den passierten Tomaten aufgießen, die Soße kurz erhitzen, mit salz würzen. Sauerrahm mit 2 EL Nudelkochwasser verrühren. Die Nudeln abgießen, abtropfen lassen, in einer vorgewärmten Schüssel mit Sauerrahm, Käse, Tomatensoße, grünem Pfeffer, Petersilie und Frühlingszwiebeln vermischen. Sofort servieren.
Für 4 Personen
Pro Portion: 290 kcal

SPAGHETTI MIT PAPRIKA, OLIVEN UND KAPERN

Ein pikantes Blitzgericht!

200 g Spaghetti
Salz
1 EL Olivenöl
4 Knoblauchzehen, fein gehackt
1/2 TL Pfefferoni, fein gehackt
2 rote Paprika, 5 mm feine Streifen
2 TL Kapern, fein gehackt
2 EL frische Kräuter (Oregano, Thymian, Basilikum), fein gehackt
10 schwarze Oliven, kleine Stücke

Spaghetti in reichlich kochendem Salzwasser al dente kochen, abgießen, abtropfen lassen. Nicht kalt abschrecken!
Während die Spaghetti kochen, in einer Pfanne mit schwerem Boden Olivenöl erhitzen, die Hälfte des Knoblauchs und die Pfefferoni kurz anbraten. Paprikastreifen hinzufügen, salzen, unter Rühren 1 Minute braten. Das Gemüse zudecken und bei milder Hiltze 8 Minuten dünsten.
Die gut abgetropften Spaghetti, Kapern, Kräuter, Oliven und den Rest Knoblauch in der Pfanne mit den Paprikastreifen vermischen.
Das Nudelgericht mit Salz abschmecken und gleich servieren.
Dazu paßt fein geriebener, leicht pikanter Pecorino.
Für 2–3 Personen
Pro Portion: 355 kcal

PILZSUGO

Trotz der langen Zutatenliste einfach und schnell gekocht.

20 g getrocknete Steinpilze
1 EL Butter
1/2 EL Olivenöl
1 Zwiebel, fein gehackt
4 Knoblauchzehen, fein gehackt
2 EL Karotten, winzige Würfel
2 EL Sellerie, winzige Würfel
1 Bund Petersilie, fein gehackt
500 g Champignons, halbiert, dünne Scheiben
Salz
schwarzer Pfeffer
250 ml passierte Tomaten
1/4 TL Thymian
1 Prise Piment
1 Lorbeerblatt
1 Prise Instant Gemüsebrühe
1 EL Basilikum, fein gehackt
1 TL Oregano, fein gehackt oder 1/2 Paket tiefgekühlte italienische Kräuter

Steinpilze in 200 ml kaltem Wasser 1 Stunde einweichen. Steinpilze in ein Sieb abgießen, Einweichwasser auffangen, durch einen Papierfilter gießen. Steinpilze in kleine Stücke schneiden.
Butter und Olivenöl in einem flachen Topf mit schwerem Boden erhitzen, Zwiebeln und Knoblauch bei geringer Hitze 10 Minuten andünsten, ab und zu umrühren. Karotten und Sellerie dazugeben, unter Rühren 3 Minuten anbraten. Petersilie dazugeben, unter Rühren kurz anbraten, bis die Petersilie angenehm aus dem Topf duftet. Champignons und Steinpilze dazugeben, salzen und pfeffern, unter Rühren bei guter Hitze 5 Minuten braten. Mit dem Einweichwasser der Steinpilze und passierten Tomaten aufgießen, mit Thymian, Piment, Lorbeer und einer Prise Instant Gemüsebrühe würzen. Alles gut vermischen, den Sugo zugedeckt 5 Minuten leicht köcheln lassen. Vom Feuer nehmen, Basilikum und Oregano unterrühren.
Mit Parmesan zu Spaghetti reichen.
Für 4 Personen
Pro Portion: 95 kcal

VOLLKORNNUDELN

gibt es in reicher Auswahl und in den verschiedensten Formen. Achten Sie beim Einkauf darauf, daß das Getreide für die Nudeln aus biologischem Anbau kommt. Abwechslung in die Palette bringen: Dinkel- und Buchweizennudeln. Sehr empfehlenswert sind auch die hellen, kernigen Nudeln aus Soja- und Hirsemehl.

WIENER KRAUTFLECKERLN

Ein Leibgericht aus der Donau-Metropole, typisch mit kleinen quadratischen Nudelstückchen, den »Fleckerln«.
Schmeckt aber auch mit Bandnudeln.
Für viele Gäste problemlos und sehr preisgünstig zubereitet.

1000 g junges Weißkraut
2 EL Öl
1 Zwiebel, fein gehackt
Pfeffer
Salz
300 g Sojabandnudeln

Das Kraut vierteln, Strunk herausschneiden, die Viertel mehrmals kängs teilen und in feine Streifen schneiden. Öl in einem flachen Topf mit schwerem Boden erhitzen, Zwiebeln darin in 10 Minuten goldgelb dünsten, öfters umrühren. Zucker dazugeben, die Zwiebeln unter Rühren hellbraun karamelisieren. Kraut mit den Zwiebeln vermischen, mit Pfeffer und Salz würzen und zugedeckt 25 Minuten bei geringer Hitze dünsten. Ab und zu umrühren. Die Nudeln in reichlich Salzwasser al dente kochen, kalt abschrecken und gut abtropfen lassen. Nudeln mit dem Kraut vermischen und noch etwas dünsten lassen. Mit Pfeffer und Salz abschmecken.
Für 4 Personen
Pro Portion: 400 kcal

SOBA, JAPANISCHER NUDELTOPF

Sehr einfach und schnell gekocht, macht satt und ist trotzdem leicht. Genau richtig, wenn man Hunger und gleichzeitig ein flaues Gefühl im Magen hat.

200 g Buchweizenspaghetti
Salz
500 ml Gemüsebrühe
3 EL Medium Sherry
1–2 EL Sojasoße
1 TL Ingwer, fein gehackt
1 TL Honig
125 ml Wasser
100 g Tofu, kleine Würfel
150 g Karotten, 2 mm dünne Scheiben
100 g Sellerie, winzige Würfel
150 g Spinat, geputzt gewogen, mundgerechte Stücke
4 Frühlingszwiebel, feine Ringe
3 EL frischer Meerrettich, fein gerieben

Spaghetti in reichlich Salzwasser al dente kochen, abgießen, kalt abschrecken, abtropfen lassen.
In der Kochzeit der Spaghetti, die Gemüsebrühe mit Sherry, Sojasoße, Ingwer, Honig und Wasser zum Kochen bringen. Tofu in der würzigen Brühe 4 Minuten zugedeckt köcheln. Karotten und Sellerie dazugeben, zugedeckt 4 Minuten köcheln. Die abgetropften Spaghetti und Spinat in die Suppe rühren und zugedeckt noch 2 Minuten erhitzen.
Frühlingszwiebeln untermischen und gleich servieren. Meerrettich getrennt zur Suppe reichen, jeder würzt damit nach Belieben.
Für 4 Personen/Pro Portion: 250 kcal

GEBRATENE NUDELN »SUZIE« MIT TOFU, GEMÜSE UND SPROSSEN

Alle Gemüse müssen den Angaben entsprechend sehr fein (3 mm dünn!) geschnitten werden, sonst funktioniert dieses Rezept nicht. Es wäre schade drum.
Sind die Gemüse aber erst einmal klein, ist die Garzeit extrem kurz.

100 g Tofu, kleine Würfel
2 EL Sojasoße
1 TL Tomatenmark
1 TL (gestrichen) Speisestärke
1 Prise Chili
1 EL Öl
1/4 TL Cumin
1/4 TL Koriander
1 Prise Piment
1/2 Zwiebel, fein gehackt
2 Knoblauchzehen, fein gehackt
1/2 TL Ingwer, fein gehackt
100 g Paprika, 3 mm dünne Streifen
100 g Karotten, 3 mm dünne Stifte
100 g Porree, längs halbiert, 3 mm dünne Streifen
100 g Zucchini, längs halbiert, 3 mm dünne Scheiben
Salz
100 g Mungsprossen
300 g gekochte Vollkornspaghetti (ungekocht 125 g)
1 EL Petersilie oder frischer Koriander, fein gehackt

Tofuwürfel in Sojasoße 30 Minuten marinieren, in ein Sieb abgießen, Sojasoße auffangen mit Tomatenmark, 3 EL Wasser, Speisestärke und Chili glatt rühren.
In einem Wok oder einer großen Pfanne das Öl erhitzen. Cumin, Koriander und Piment einen Moment unter Rühren anrösten. Zwiebeln, Knoblauch und Ingwer dazugeben, unter Rühren kurz braten. Paprika, Karotten, Porree und Zucchini in den Wok geben, leicht salzen und unter ständigem Rühren 3 Minuten braten. Tofu und Sprossen untermischen, unter Rühren 1 Minute braten.
Die Nudeln unter das Gemüse mischen, unter Rühren braten, bis die Nudeln heiß sind. Die Sojamarinade unterrühren und kurz erhitzen. Die Gemüse-Nudeln auf einer Platte anrichten, mit Petersilie garniert servieren.
Wer's heiß mag, würzt noch mit Sambal Oelek.
Für 2–3 Personen
Pro Portion: 255 kcal

Gemüse

Von A-rtischocke bis Z-ucchini

Mit Gemüsen können Sie sich voll und toll essen, denn die Kalorienmengen, welche Gemüse auf die Waagschale werfen, sind federleicht und geben Anlaß zur Freude.

Es spielt überhaupt keine Rolle, ob Sie 200 g Blumenkohl, eine ordentliche Portion, mehr oder weniger verspeisen. 200 g Blumenkohl enthalten gerade 46 vernachlässigbare Kalorien. Aber die Begeisterung über die vielfältigen Gemüsepflänzchen kann noch gesteigert werden; bei minimalen Kalorien bietet Gemüse maximale Vitamine, Mineralstoffe und nicht zu vergessen, die mundwässernden Aromastoffe, die aus schlanken Gemüsen gesunde Genüsse machen.

Da Gemüse in den seltensten Fällen pur gegessen werden, müssen wir uns kurz und entschlossen mit ihrer Zubereitung beschäftigen, damit durch unsachgemäßes Kochen nicht sämtliche Vorteile, die uns fit und leicht durchs Leben hüpfen lassen, zunichte gemacht werden.

Die magische Formel des Gemüsekochens heißt: 2 Eßlöffel Öl oder Butter für 4 Personen und minimale Garzeiten.

Dieser knappe Satz ist der Grundstein der wunderbaren, neuen Gemüseküche. Befürchtungen, daß mit dem Fett auch ein wichtiger Geschmacksträger fehlt, sind grundlos. Zum einen reicht unsere geringe Fettmenge aus, damit sich die verschiedenen Aromen auf das Köstlichste verbinden, zum anderen werden die Gemüse mit reichlich Kräutern und Gewürzen verwöhnt.

Und nicht zu vergessen, etwas Fett braucht der Mensch. Die lebensnotwendigen Vitamine A, D, E, K sind nur durch das Vorhandensein von Fett für den Organismus verwertbar.

Vor appetitverderbendem Dogmatismus sei aber sofort gewarnt, wenn es einmal 1 Löffel mehr Öl ist, oder ab und zu ein bißchen Sahne in die Soße flutscht, kein Grund zur Panik. 2 EL Öl für 4 Personen ist eine Orientierungshilfe und kein ehernes Gesetz.

Sie werden feststellen, daß die geringe Fettmenge ein sehr angenehmes Gefühl im Magen zurückläßt. Wenig Fett macht das Essen höchst bekömmlich. Der Körper muß sich nicht mit sämtlicher Kraft der Verdauungsarbeit widmen und lähmende Müdigkeit kommt nicht auf.

Nach einem üppigen Gemüsemahl, dazu eine Portion Naturreis, Hirse oder Vollkornbrot tritt ein wunderbarer Zustand ein, und mit der Zeit werden Sie nicht mehr auf ihn verzichten wollen:

Vollkommen satt, leicht und energiegeladen.

GESCHMORTER FENCHEL MIT TOMATEN

1 EL Butter
1 EL Olivenöl
1 Zwiebel, fein gehackt
3 Knoblauchzehen, fein gehackt
700 g junger Fenchel, in Achtel geschnitten
Salz
150 ml Gemüsebrühe
250 g Tomaten, abgezogen, kleine Stücke oder geschälte Tomaten aus der Dose
Pfeffer

Butter und Olivenöl in einem schweren, flachen Topf erhitzen. Zwiebeln und Knoblauch darin in 5 Minuten glasig dünsten. Fenchel dazugeben, mit Salz würzen, zugedeckt, bei milder Hitze 20 Minuten im eigenen Saft schmoren. Ab und zu umrühren, der Fenchel und die Zwiebeln sollen leicht bräunen, dürfen aber nicht am Topfboden ankleben. Brühe unterrühren und das Gemüse noch 3 Minuten dünsten.

Tomaten unterrühren, das Gemüse pfeffern und zugedeckt 5 Minuten leicht köcheln. Der Fenchel soll von einer dicken Soße umgeben sein.

Perfekt dazu, geschmacklich und optisch: das goldgelbe Kartoffelgratin (S. 94).

Für 4 Personen
Pro Portion: 140 kcal

ARTISCHOCKEN MIT KRÄUTER-KAPERN-VINAIGRETTE

Artischocken sind eine ideale, weil unaufwendige Vorspeise. Die Artischocken werden nur in Salzwasser gekocht, dazu gibt es eine rasch angerührte, kalte Soße.
Die einzig mögliche Art Artischocken zu essen, sehr archaisch, aber angenehm: Blatt für Blatt wird mit der fleischigen Seite eingedippt und ausgesaugt. Zum Schluß kommt das Hauptvergnügen, der Artischockenboden wird mit einem scharfen Messer vom »Heu« befreit und liefert nun Artischocken-Eßvergnügen am Stück.

1 EL Weinessig
1 EL Zitronensaft
1 Prise abgeriebene Zitronenschale
1/2 TL Dijon-Senf
Salz
Pfeffer
5 EL kalte Gemüsebrühe
3 EL Olivenöl
1 TL Kapern, fein gehackt
1/2 EL Zwiebeln, fein gehackt
1 Knoblauchzehe, fein gehackt
1 TL Estragon, fein gehackt
1 EL Petersilie, fein gehackt
1 EL Schnittlauch, fein gehackt
4 Artischocken

Für die Vinaigrette werden Essig, Zitronensaft und Schale, Senf, Salz, Pfeffer und Gemüsebrühe mit dem Handrührgerät vermischt, das Öl bei laufendem Rührgerät langsam untermischen. Kapern, Zwiebeln, Knoblauch, Estragon, Petersilie und Schnittlauch unterrühren, die Soße etwas durchziehen lassen.
Die Stiele der Artischocken abschneiden und die kleinen abstehenden Blättchen am Artischockenboden entfernen. Die Artischocken in reichlich Salzwasser 35–45 Minuten köcheln, durch das Kochen verfärben sich die Artischocken olivgrün. Die Artischocken sind gar, wenn sich die Blättchen leicht herausziehen lassen. Artischocken aus dem Wasser heben und gut abtropfen lassen.
Die Kräuter-Kapern-Vinaigrette zu den Artischocken reichen.
Vorspeise für 4 Personen
Pro Portion: 180 kcal

GRÜNE BOHNEN MIT PAPRIKA-TOMATEN-SOSSE

(Foto Seite 95)

2 EL Olivenöl
1 Zwiebel, fein gehackt
400 g grüne Bohnen, längs halbiert, 4 cm lange Stücke
Salz
Pfeffer
250 ml Gemüsebrühe
1/2 TL Thymian
4 Knoblauchzehen, fein gehackt
2 rote Paprika, sehr kleine Würfel
500 g Tomaten, abgezogen, Würfel oder geschälte Tomaten aus der Dose
1/2 TL Oregano

1 EL Olivenöl in einem Topf mit schwerem Boden erhitzen, Zwiebeln dazugeben, in 5 Minuten goldbraun braten, ab und zu umrühren. Bohnen in den Topf geben, mit wenig Salz und Pfeffer würzen und kurz unter Rühren braten. Die Bohnen zugedeckt auf kleiner Flamme 5 Minuten im eigenen Saft dünsten. Gemüsebrühe dazugießen und mit Thymian würzen. Bohnen bei mäßiger Hitze in ca. 15 Minuten weich mit Biß köcheln.
Bohnen haben je nach Alter sehr unterschiedliche Garzeiten, lieber einmal öfter probieren, damit sie nicht zu weich werden.
Während die Bohnen garen, wird die Paprika-Tomatensoße zubereitet. Das restliche Olivenöl in einer Pfanne erhitzen, Knoblauch dazugeben, kurz unter Rühren anbraten. Paprikawürfel in die Pfanne geben, leicht salzen, unter Rühren 1 Minute anbraten und zugedeckt 7 Minuten im eigenen Saft dünsten. Tomaten untermischen, mit Oregano und Salz würzen, die Gemüse zugedeckt in 10 Minuten zu einer dicken Soße einköcheln lassen. Tomatensoße unter die Bohnen mischen, den Gemüsetopf noch 2 Minuten erhitzen.
Für 4 Personen
Pro Portion: 150 kcal

CHAMPIGNONS, SELLERIE UND KAROTTEN IN ROGGEN-CREMESOSSE

1 EL Öl
1 Zwiebel, fein gehackt
3 Knoblauchzehen, fein gehackt
2 EL feiner Roggenschrot
100 g Sellerie, sehr kleine Würfel
200 g Karotten, sehr kleine Würfel
200 g Champignons, sehr kleine Würfel
4 Frühlingszwiebeln, feine Ringe
300 ml Gemüsebrühe
1 Prise Muskat
1 Prise Piment
1/2 TL Liebstöckel
1 Lorbeerblatt
4 EL Sahne
2 TL grüner Pfeffer, grob gehackt
Salz

Öl in einer Pfanne erhitzen, Zwiebeln und Knoblauch darin in 5 Minuten goldbraun braten. Roggenschrot dazugeben, unter Rühren kurz anrösten. Die kleingeschnittenen Gemüse hinzufügen, unter Rühren kurz anbraten, mit der Brühe aufgießen, zugedeckt 10 Minuten leicht köcheln. Ab und zu umrühren, damit die Roggensoße nicht ansetzt.

Sahne und grünen Pfeffer unterrühren, Soße etwas einkochen lassen, mit Salz abschmecken.

Zu Sellerie-Kartoffel-Püree mit Dill (S. 93).

Für 4 Personen
Pro Portion: 150 kcal

SPARGEL MIT CHAMPIGNONSOSSE

Ein Spargelessen vom Feinsten!

1000 g Spargel
1 EL Zitronensaft
Salz
1 Rezept Champignonsoße (siehe rechts)

Die Enden der Spargel abschneiden, den Spargel großzügig schälen. (Nicht entfernte Spargelschale kann das ganze Essen verderben.) Spargel im kochenden Zitronen-Salzwasser 15–20 Minuten zugedeckt garen. Der Spargel soll noch einen guten Biß haben.

Spargel aus dem Wasser heben, abtropfen lassen und auf einer großen vorgewärmten Platte anrichten. Die heiße Pilzsoße quer über die Mitte des Spargels gießen. Sofort servieren. Dazu neue Kartoffeln reichen.

Die Spargelbrühe nicht wegschütten, sie ist eine hervorragende Suppengrundlage oder pur getrunken ein wirksames Entwässerungsmittel.

Wenn Sie keine Lust zum Schälen haben, kaufen Sie grünen Spargel, von dem müssen nur die Enden abgeschnitten werden.

Für 2–3 Personen
Pro Portion: 140 kcal

CHAMPIGNONSOSSE

Damit die Soße gelingt, müssen die Pilze in kleine Stücke gehackt werden.

1 EL Butter
1/2 Zwiebel, fein gehackt
2 Knoblauchzehen, fein gehackt
1 Bund Petersilie, fein gehackt
250 g Champignons, gehackt
Salz
150 ml Gemüsebrühe
1 EL Weißwein
etwas abgeriebene Schale von einer ungespritzten Zitrone
2 EL Sauerrahm
Pfeffer

Butter in einem kleinen Topf schmelzen, Zwiebeln und Knoblauch unter Rühren kurz anbraten, Petersilie hinzufügen, unter Rühren kurz erhitzen. Champignons dazugeben, leicht salzen, unter Rühren 2 Minuten braten, mit der Gemüsebrühe aufgießen, mit Weißwein und Zitronenschale würzen. Die Soße zugedeckt 5 Minuten leicht köcheln. Vom Feuer nehmen, Sauerrahm mit dem Schneebesen unterrühren, mit frisch gemahlenem Pfeffer abschmecken.

Für 2 Personen
Pro Portion: 120 kcal

GEBRATENE PILZE MIT ZUCCHINI

10 g getrocknete Steinpilze
1 EL Olivenöl
1/2 Zwiebel, fein gehackt
2 Knoblauchzehen, fein gehackt
250 g Champignons oder Egerlinge, 3 mm dünne Scheiben
Salz
300 g Zucchini, längs halbiert, 3 mm dünne Scheiben
1/4 TL Basilikum
1 Prise Thymian
Pfeffer
1 EL Petersilie, fein gehackt

Steinpilze in 100 ml heißem Wasser 30 Minuten einweichen, abgießen, Einweichwasser auffangen, durch einen Papierfilter gießen. Steinpilze kurz unter fließendem Wasser abspülen und in sehr kleine Stücke schneiden.
Öl in einer schweren Pfanne erhitzen, Zwiebeln und Knoblauch unter Rühren in 3 Minuten goldbraun braten. Steinpilze dazugeben, unter Rühren kurz anbraten. Champignons hinzufügen, leicht salzen, bei guter Hitze 2 Minuten unter Rühren braten. Zucchini dazugeben, unter Rühren 1 Minute braten. Einweichflüssigkeit der Steinpilze und die Kräuter unterrühren. Die Gemüse 4 Minuten zugedeckt bei schwacher Hitze dünsten. Mit Salz, Pfeffer und Petersilie würzen, sofort servieren. Schmeckt zu Hirse, Weizenknödel und mit etwas geriebenem Parmesan gut zu Pasta.
Für 2–3 Personen
Pro Portion: 75 kcal

CHINESISCHE GEMÜSEPFANNE MIT AUSTERNPILZEN, PORREE, KAROTTEN UND SPROSSEN

Unter Rühren im Wok gebraten in Sherry-Sojasoße.

3 EL Medium Sherry (Amontillado)
1 1/2 EL Sojasoße
1 Prise Chili
2 TL (gestrichen) Speisestärke
2 EL Öl
3 Knoblauchzehen, fein gehackt
1 TL Ingwer, fein gehackt
50 g Erdnüsse, grob gehackt
200 g Karotten, 3 mm dünne Stifte
Salz
250 g Porree, längs halbiert, 1/2 cm breite Streifen
400 g Austernpilze, mundgerechte Stücke
150 g Mungsprossen
Koriandergrün

Sherry, Sojasoße, Chili und Speisestärke glatt rühren. Öl in einem Wok oder einer großen Pfanne erhitzen. Knoblauch und Ingwer unter Rühren kurz anbraten. Erdnüsse dazugeben, kurz unter Rühren braten, Karotten hinzufügen, salzen, unter Rühren 2 Minuten braten. Porree dazugeben, unter Rühren 2 Minuten braten. Austernpilze und Sprossen dazugeben, leicht salzen, unter Rühren 5 Minuten braten. Die Soßenmischung untermischen und kurz erhitzen, bis die Soße sämig wird. Mit etwas kleingehacktem Koriandergrün bestreuen.
Das Gemüse auf einer großen Platte anrichten.
Für 4 Personen
Pro Portion: 230 kcal

GEBRATENES KRAUT MIT SPROSSEN

1 1/2 EL Sojasoße
1/2 TL Speisestärke
1 EL Öl
2 Knoblauchzehen, fein gehackt
1/2 Chilischote, fein gehackt oder 1/4 TL Chili
300 g Weißkraut, 3 mm dünne Streifen
100 g Mungsprossen (Sojasprossen)
1 Frühlingszwiebel, feine Ringe

Sojasoße und Speisestärke mit 2 EL kaltem Wasser glatt rühren.
Öl in einer großen Pfanne oder einem Wok erhitzen. Knoblauchzehen und Chilischote anbraten. Kraut dazugeben, leicht salzen, unter Rühren 3 Minuten braten.
Sprossen dazugeben, unter Rühren 2 Minuten braten. Die Speisestärke unterrühren, kurz aufkochen.
Mit Frühlingszwiebeln garniert servieren.
Dazu Naturreis.
Für 2–3 Personen
Pro Portion: 85 kcal

Gebratene Austernpilze mit Tomatensoße »Calabria« (Rezept Seite 89)

THAILÄNDISCHES GEMÜSE IN PIKANTER ANANAS-KOKOS-SOSSE

(Foto Seite 34/35)

Sehr raffiniert, trotzdem einfach zubereitet.

90 g Kokosflocken, ungesüßt
200 g Ananas, Stücke
2 TL brauner Zucker
abgeriebene Schale von 1/4 ungespritzten Zitrone
2 EL Öl
1 Zwiebel, feine Streifen
3 Knoblauchzehen, fein gehackt
1 TL Ingwer, fein gehackt
1/4 TL Chili
1 gute Prise Piment
1 gute Prise Muskat
2 rote Paprika (ca. 350 g), 3 mm dünne Streifen
200 g Karotten, 3 mm dünne Stifte
100 g Sellerie, 3 mm dünne Scheibchen
Salz
200 g Porree, längs halbiert, 3 mm dünne Streifen
1 EL frischer Koriander oder Petersilie, fein gehackt

Kokosflocken mit 400 ml kochendem Wasser übergießen und 10 Minuten ziehen lassen. Die Flüssigkeit auf hoher Stufe im Mixer pürieren, durch ein Sieb gießen, Kokosmilch auffangen und die Kokosflocken mit dem Kochlöffel gut ausdrücken. Je konzentrierter die Kokosmilch wird, um so intensiver das Aroma.
Kokosmilch mit Ananas, Zucker und Zitronenschale im Mixer auf hoher Stufe pürieren, passieren und die Soße auffangen.
Öl in einem Wok oder einer großen Pfanne erhitzen. Zwiebel, Knoblauch und Ingwer unter Rühren kurz anbraten. Chili, Piment, Muskat unterrühren, kurz anrösten. Paprika, Karotten und Sellerie hinzufügen, salzen, unter Rühren 3 Minuten braten. Lauch dazugeben, das Gemüse unter Rühren 3 Minuten braten. Die Ananas-Kokos-Soße dazugießen, das Gemüse damit vermischen und zugedeckt noch 2 Minuten köcheln, mit Salz abschmecken. Das Gemüse auf einer großen Platte anrichten, mit Petersilie bestreut servieren.
Für 3 Personen
Pro Portion: 350 kcal

AROMATISCHE TOFU-BÄLLCHEN IM WIRSINGBLATT GEDÄMPFT

(Foto Seite 34/34)

250 g Tofu
12 mittelgroße, hellgrüne Wirsingblätter
Salz
2 Knoblauchzehen, fein gehackt
1 EL Frühlingszwiebeln, feine Ringe
1 EL Petersilie, fein gehackt
2 1/2 EL Mandeln, fein gehackt
1/2 EL Sojasoße
1/4 TL Ingwer, fein gerieben
1 Prise abgeriebene Zitronenschale von einer ungespritzten Zitrone
1 Prise Muskat
1 Prise Piment

Tofu in ein Küchentuch wickeln, mit einem schweren Gegenstand belasten und 1 Stunde pressen.
Wirsingblätter in kochendem Salzwasser 1 Minute blanchieren, kalt abschrecken und abtropfen lassen.
Den gepreßten Tofu mit der Gabel fein zerkrümeln und mit Knoblauchzehen, Frühlingszwiebeln, Petersilie, Mandeln, Sojasoße, Ingwer, Zitronenschale, Muskat und Piment zu einer festen Masse vermischen.
Die Tofumasse mit Salz würzen und mit der Gabel festdrücken. Bällchen von ca. 3 cm Durchmesser formen.
In die Mitte jedes Wirsingblattes ein Tofubällchen geben, das Blatt über dem Bällchen zusammenfalten und mit Zahnstochern über Kreuz zusammenstecken. Die Wirsingpäckchen eng nebeneinander in einen Siebeinsatz oder ein chinesisches Bambus-Dämpfsieb setzen. Die Wirsingpäckchen über Wasserdampf 12 Minuten garen. Sofort servieren.
Dazu eine rasch angerührte Dippingsoße aus Sherry und Sojasoße. Servieren Sie die Wirsingpäckchen als Vorspeise oder zu einem Wokgericht mit Naturreis.
Für 4 Personen
Pro Portion: 105 kcal

DIPPINGSOSSE

3 EL halbtrockenen Sherry
3 EL Sojasoße
1 Prise Chili

Alle Zutaten vermischen.
Für die gesamte Menge: 100 kcal

FERNÖSTLICH ESSEN, LEICHTGEMACHT

Unsere ganz alltäglichen Gemüse werden unter Rühren im Wok oder einer großen Pfanne gebraten, und mit typischen Zutaten – Sojasoße, Reiswein oder Sherry, Tofu, Ingwer, und Chili verfeinert.

AUBERGINEN, ZUCCHINI, CHAMPIGNONS UND ERBSEN IN SANFT SÜSS-SAURER SOSSE

3 EL Medium Sherry
3 EL passierte Tomaten
1 TL Honig
1 TL Ingwer, fein gehackt
1 EL Sojasoße
1 Prise Chili
2 TL (gestrichen) Speisestärke
2 EL Öl
3 Knoblauchzehen, fein gehackt
200 g Auberginen, 3 mm schmale, 3 cm lange Streifen
Salz
150 g Zucchini, 3 mm dünne Scheiben
150 g Champignons, 3 mm dünne Scheiben
100 g junge Erbsen (auch tiefgekühlt)
3 Frühlingszwiebeln, feine Ringe

Sherry, passierte Tomaten, Honig, Ingwer, Sojasoße, Chili und Speisestärke glatt rühren.
In einem Wok oder einer Pfanne mit dickem Boden das Öl erhitzen, Knoblauch kurz unter Rühren anbraten.
Auberginen dazugeben, leicht salzen, unter ständigem Rühren 3 Minuten braten. Die Auberginen saugen sofort das ganze Öl auf, und können gleichmäßig glasig bis leicht braun gebraten werden.
Zucchini, Champignons und Erbsen dazugeben, unter Rühren 1 Minute braten, leicht salzen mit 100 ml Wasser aufgießen. Das Gemüse zugedeckt 5 Minuten köcheln.
Die Soßenmischung unterrühren, kurz aufkochen, bis die Soße bindet, mit Salz abschmecken. Das Gemüse auf einer Platte anrichten, mit Frühlingszwiebeln garniert servieren.
Für 2 Personen
Pro Portion: 285 kcal

Ein kleines, feines Menü:

aromatische Tofubällchen im Wirsingblatt (S. 84)
•
Thailändisches Gemüse in pikanter Ananas-Kokos-Soße (S. 84)
Naturreis
•
Mango-Zimt-Sorbet (S. 125)

GRÜNER UND WEISSER SPARGEL, JUNGE ERBSEN UND CASHEWNÜSSE IN GLÄNZENDER ZITRONENSOSSE

(Foto Seite 34/35)

Kouzou gibt es in Naturkostgeschäften.

1 TL Kouzou (Bindemittel aus wilder Pfeilwurz) oder Speisestärke
2 EL Öl
3 Knoblauchzehen, fein gehackt
40 g Cashewnüsse
300 g weißer Spargel, geschält, längs halbiert, 4 cm lange Stücke
300 g grüner Spargel, längs halbiert, 4 cm lange Stücke
Salz
200 g junge Erbsen
150 ml Gemüsebrühe
1 Prise brauner Zucker
abgeriebene Schale von 1/4 ungespritzten Zitrone
1/2–1 EL Zitronensaft

Kouzou mit 3 EL Wasser glatt rühren.
In einem Wok oder einer großen schweren Pfanne 2 EL Öl erhitzen, Knoblauch kurz anbraten.
Cashewnüsse, Spargel hinzufügen, leicht salzen, unter Rühren 3 Minuten braten. Erbsen unterrühren, leicht salzen. Gemüsebrühe, Zukker und Zitronenschale zum Gemüse geben. Das Gemüse zugedeckt 5 Minuten leicht köcheln. Das aufgelöste Kouzou unterrühren, das Gemüse noch 2 Minuten köcheln lassen. Mit Salz und Zitronensaft abschmecken.
Für 4 Personen
Pro Portion: 205 kcal

SIZILIANISCHES GEMÜSE-RAGOUT

2 EL Olivenöl
2 Zwiebeln, fein gehackt
4 Knoblauchzehen, fein gehackt
300 g Auberginen, 1 cm große Würfel
Salz
300 g Champignons, 3 mm dicke Scheiben
500 g Tomaten, abgezogen, kleine Würfel oder geschälte Tomaten aus der Dose
1/2 TL Oregano
1/2 TL Basilikum
1 Lorbeerblatt
200 ml Gemüsebrühe
10 Oliven, Stücke
Pfeffer
2 EL Petersilie, fein gehackt

In einem großen, flachen Topf das Olivenöl erhitzen. Zwiebeln und Knoblauch 10 Minuten bei mäßiger Hitze goldbraun anbraten.
Auberginenwürfel dazugeben, salzen, unter Rühren 5 Minuten braten, bis die Auberginen glasig werden.
Pilze daruntergeben, unter Rühren 2 Minuten braten.
Tomaten, Gewürze und 150 ml Gemüsebrühe hinzufügen, gut umrühren und das Ragout zugedeckt 15–20 Minuten köcheln lassen, ab und zu umrühren. Gegen Ende der Garzeit die Oliven untermischen. Mit Salz und Pfeffer abschmecken. Das Ragout ist fertig, wenn die Auberginenwürfel anfangen zu zerfallen und die Pilze von einer sämigen Sauce umgeben sind.
Mit Petersilie vermischt servieren.
Für 4 Personen
Pro Portion: 155 kcal

BRAUN GLACIERTE ZWIEBELN

2 EL Olivenöl
16 kleine, weiße Zwiebeln (ca. 4 cm Durchmesser)
100 ml Gemüsebrühe
50 ml trockener Weißwein
1 EL Sojasoße
1 Prise Thymian
1 Prise Oregano
1 Prise Basilikum

Olivenöl in einer kleinen, feuerfesten Form erhitzen. Die ganzen, geschälten Zwiebeln dazugeben und ca. 10 Minuten anbraten. Ab und zu umrühren, damit die Zwiebeln so gut wie möglich rundum braun werden. Gemüsebrühe, Weißwein, Sojasoße und Kräuter vermischen, über die Zwiebeln gießen.
Die Flüssigkeit zum Kochen bringen, die Zwiebeln im vorgeheizten Ofen ca. 30 Minuten bei mittlerer Hitze backen. Zwiebeln ab und zu umdrehen. Eventuell noch etwas Weißwein nachgießen. Die gebackenen Zwiebeln sollen sehr weich und gleichmäßig goldbraun glänzend sein.
Glacierte Zwiebeln passen zum sizilianischen Gemüseragout oder zu Kohlrabi in Estragoncreme (S. 88) und eignen sich auch für das kalte Buffet.
Für 4 Personen
Pro Portion: 90 kcal

GELB-ROTES HERBSTGEMÜSE

2 EL Öl
1 Zwiebel, fein gehackt
3 Knoblauchzehen, fein gehackt
2 rote Paprikaschoten (ca. 300 g), 1 cm breite Streifen
400 g Kürbis, 2 cm große Würfel
300 g Tomaten, abgezogen, Würfel
200 ml Gemüsebrühe
1 Prise Chili
1 Prise Muskatnuß, frisch gerieben
1 gute Prise Zimt
1 TL Paprika, edelsüß
Pfeffer
Salz
1 junger Maiskolben oder 100 g Mais aus der Dose

Öl in einem flachen Topf erhitzen, Zwiebel und Knoblauch unter Rühren in 5 Minuten goldgelb braten. Paprikastreifen hinzufügen, unter Rühren 3 Minuten braten. Kürbis, Tomaten, Gemüsebrühe, Chili, Muskatnuß, Zimt und Paprikapulver hinzufügen, vermischen, mit Pfeffer und Salz abschmecken, das Gemüse 25–30 Minuten zugedeckt leicht köcheln, ab und zu vorsichtig umrühren, der Kürbis soll weich sein, aber noch Biß haben und nicht zerfallen.
In der Zwischenzeit die Maiskörner mit einem scharfen Messer vom Kolben lösen. Die Maiskörner unter das Gemüse mischen, 3 Minuten miterhitzen. Das Gemüse mit Salz abschmecken.
Besonders üppig wird das Essen, wenn Sie die schnell angerührte Joghurt-Gewürz-Soße (S. 87) zum Herbstgemüse reichen.
Für 4 Personen
Pro Portion: 140 kcal

JOGHURT-GEWÜRZ-SOSSE

Paßt zu vielen Gemüsegerichten.

1/2 TL Cumin (Kreuzkümmel)
1/2 TL Koriander
250 g Joghurt
2 Knoblauchzehen, fein gehackt
schwarzer Pfeffer, frisch gemahlen
Salz

In einer kleinen, trockenen Pfanne Cumin und Koriander unter Rühren kurz erhitzen. (Vorsicht, brennt leicht an.) Joghurt mit den Gewürzen und Knoblauch vermischen, mit Salz abschmecken.
Für die gesamte Menge: 160 kcal

SOSSEN ZU GEDÄMPFTEN GEMÜSEN

Zu den minutenschnell gegarten Gemüsen passen Soßen der verschiedensten Geschmacksrichtungen:

Champignonsoße (S. 81)
Samtige, grüne Soße (S. 88)
Tomaten-Basilikum-Sugo (S. 74)
Indische Zwiebel-Joghurt-Soße (S. 89)
Joghurt-Gewürz-Soße (S.87)
Tomatensoße »Calabria« (S. 89)

Heiße Soßen werden mit den Gemüsen vermischt, kalte Soßen zum Eindippen getrennt dazu gereicht.

ZUCCHINI, PORREE, KAROTTEN UND WIRSING AUS DEM DAMPF MIT ZITRONENCREME

4 hellgrüne Wirsingblätter
abgeriebene Schale von 1/4 ungespritzten Zitrone
100 g Karotten, 1/2 cm dünne Scheiben
100 g Porree, längs halbiert, 1/2 cm breite Streifen
250 g Zucchini, 1 cm dicke Scheiben
1 EL Zitronensaft
Salz
80 g Sauerrahm
1 EL Dill, fein gehackt

Auf den Boden eines Siebeinsatzes die ganzen Wirsingblätter legen, Zitronenschale darüberstreuen, darauf Karotten, Porree und Zucchini geben.
Die Gemüse zugedeckt über Wasserdampf 10 Minuten dünsten, sie sollen weich sein, aber noch einen guten Biß haben.
In der Zwischenzeit Zitronensaft mit Salz vermischen, Sauerrahm langsam mit dem Schneebesen unterrühren, die Soße schaumig rühren und mit Dill würzen.
Auf einer Platte Karotten, Porree und Zucchini auf den Wirsingblättern anrichten.
Die Soße getrennt dazu reichen.
Für 3 Personen
Pro Portion: 75 kcal

BROKKOLI AUS DEM DAMPF MIT PILZSOSSE

400 g Brokkoli, kleine Röschen
1 Rezept Champignonsoße (S. 81)
Salz

Brokkoli zugedeckt in einem Siebeinsatz über Wasserdampf 6–8 Minuten garen, sie sollen weich sein, aber noch einen guten Biß haben.
In einer Schüssel die Brokkoliröschen mit der heißen Pilzsoße vermischen, mit Salz abschmecken, sofort servieren.
Dazu Sellerie-Kartoffel-Püree (S. 93).
Für 2–3 Personen
Pro Portion: 110 kcal

KOHLRABI IN ESTRAGONCREME

600 g junge Kohlrabi
500 ml Gemüsebrühe
150 g Kartoffeln, kleine Würfel
2 Knoblauchzehen, fein gehackt
1 Prise Muskat
1 Prise Thymian
4 EL Sahne
abgeriebene Schale von
1/4 ungespritzten Zitrone
1 EL Estragon, fein gehackt
2 TL Kapern, fein gehackt
Pfeffer
Salz

200 g Kohlrabi in kleine Würfel schneiden. Die Hälfte der Gemüsebrühe zum Kochen bringen, Kohlrabiwürfel und Kartoffeln dazugeben, mit Knoblauch, Muskat und Thymian würzen. Die Gemüse zugedeckt in 7 Minuten weich köcheln. Die Gemüse im Mixer fein pürieren.
Die restlichen Kohlrabi in 3 mm dünne Scheibchen schneiden oder auf dem Gurkenhobel schneiden. Die restliche Gemüsebrühe und die Sahne zum Kochen bringen, mit Zitronenschale würzen, die Kohlrabischeibchen hinzufügen und zugedeckt 4 Minuten köcheln. Der Kohlrabi soll noch einen guten Biß haben. Der pürierten Gemüsesoße Estragon und Kapern unterrühren, mit Pfeffer und Salz abschmecken und den Gemüsetopf noch 1 Minute köcheln lassen.
Dazu passen besonders gut entweder Bulgurotto (S. 96) oder Weizenklößchen (S. 97).
Für 4 Personen
Pro Portion: 115 kcal

GEDÜNSTETER PORREE MIT SAMTIGER, GRÜNER SOSSE

(Foto Seite 99)

1/2 EL Butter
700 g Porree, längs halbiert,
5 cm lange Stücke
100 ml Gemüsebrühe
1 Lorbeerblatt
1 Rezept samtige, grüne Soße (S. 88)

Butter in einem flachen Topf mit schwerem Boden schmelzen, Porree hinzufügen, unter Rühren kurz dünsten. Mit der Gemüsebrühe aufgießen, mit Lorbeerblatt würzen. Den Porree zugedeckt 8–10 Minuten bei schwacher Hitze weich mit Biß dünsten.
Den Porree auf einer Platte anrichten, mit der grünen Soße begießen.
Für 4 Personen
Pro Portion: 95 kcal

SAMTIGE, GRÜNE SOSSE

1/2 EL Butter
1/2 Zwiebel, fein gehackt
1 Bund Petersilie, fein gehackt
100 g Sellerie, Würfel
300 ml Gemüsebrühe
1/4 TL Liebstöckel
1 Prise Muskat
2 EL Weißwein
etwas abgeriebene Schale von einer
ungespritzten Zitrone
2 EL Sauerrahm (15%)
Pfeffer
Salz

Butter in einem kleinen Topf schmelzen, Zwiebel darin 5 Minuten glasig dünsten. Die Hälfte der Petersilie dazugeben, unter Rühren kurz andünsten. Sellerie hinzufügen, kurz andünsten, mit Gemüsebrühe aufgießen, mit Liebstöckel und Muskat würzen, zugedeckt ca. 15 Minuten köcheln. Der Sellerie soll weich sein, aber noch Biß haben.
Sellerie und Kochflüssigkeit mit der restlichen Petersilie, Weißwein, Zitronenschale und Sauerrahm im Mixer auf hoher Stufe fein pürieren. Die Soße nochmals erhitzen, mit Pfeffer und Salz abschmecken.
Für 4 Personen
Pro Portion: 40 kcal

SOSSEN MIT PÜRIERTEN GEMÜSEN

Sämige Soßen gehören zur guten Küche, auch mit äußerst wenig Fett sind sie einfach und schnell zubereitet:
Gemüse, Zwiebeln und Knoblauch werden in aromatischer Brühe gegart und durchpassiert. Das Gemüsepüree bildet den leichten Körper der Soße, die mit Kräutern, sehr wenig Sahne, Weißwein, Zitronenschale, Kapern oder grünem Pfeffer abgeschmeckt wird.

GEBRATENE AUSTERNPILZE MIT TOMATENSOSSE »CALABRIA«

(Foto Seite 83)

Tomatensoße:
4 mittelgroße, reife Tomaten, abgezogen, kleine Stücke
4 Knoblauchzehen, fein gehackt
1/2 Zwiebel, fein gehackt
2 EL Basilikum, fein gehackt
1 EL Olivenöl
schwarzer Pfeffer
Salz

Pilzpfanne:
1 EL Olivenöl
4 Knoblauchzehen, fein gehackt
500 g Austernpilze, mundgerechte Stücke
1 TL frischer Thymian, fein gehackt
Salz
Pfeffer

Für die Tomatensoße Tomaten, Knoblauch, Zwiebel und Basilikum vermischen. Olivenöl unter die Tomaten rühren, die Soße mit Pfeffer und Salz abschmecken.
Für die Pilzpfanne Olivenöl in einer Pfanne mit schwerem Boden erhitzen, Knoblauch kurz anbraten, Austernpilze dazugeben, mit Thymian würzen, unter Rühren bei guter Hitze 5 Minuten braten, mit Salz und Pfeffer abschmecken.
Zu den Austernpilzen die Tomatensoße reichen.
Für 2 Personen
Pro Portion: 265 kcal

BLATTSPINAT IN INDISCHER ZWIEBEL-JOGHURT-SOSSE

(Foto Seite 91)

Gelb-grün, duftend und praktisch, ein erfreuliches Spinatgericht.
Die Soße kann schon im voraus zubereitet werden, der empfindliche Spinat kommt à la minute in den Topf. Die verschiedenen Gewürze können durch 2 TL Currypulver ersetzt werden.

indische Zwiebel-Joghurt-Soße:
1 1/2 EL Öl
2 Zwiebeln, fein gehackt
4 Knoblauchzehen, fein gehackt
1/2 TL Cumin
1/2 TL Koriander
1/2 TL Curcuma (Gelbwurz)
1/4 TL Chili
1 gute Prise Kardamom
1 gute Prise Zimt
250 ml Gemüsebrühe
abgeriebene Schale von 1/4 ungespritzten Zitrone
150 g Joghurt
Salz

Spinat:
700 g Spinat, geputzt, gewogen, oder 1 Paket tiefgekühlten Blattspinat, angetaut
Salz
1/2 EL Öl

Für die Soße das Öl in einer Pfanne mit schwerem Boden erhitzen, Zwiebeln und Knoblauch darin in 10 Minuten goldbraun braten, ab und zu umrühren. Cumin, Koriander, Curcuma, Chili, Kardamom und Zimt unter die Zwiebeln mischen und kurz anrösten. Gemüsebrühe unterrühren, mit Zitronenschale würzen. Die Soße zugedeckt 10 Minuten leicht köcheln. Dann in der geöffneten Pfanne 2 Minuten etwas einkochen lassen.
Die Zwiebelsoße mit Joghurt im Mixer auf höchster Stufe 1 Minute pürieren. Zurück in den Topf geben, mit Salz abschmecken.
Den abgetropften Spinat mit etwas Salz in einen großen Topf geben, zugedeckt bei guter Hitze in ca. 2 Minuten zusammenfallen und in einem Sieb abtropfen lassen.(Dieser Garvorgang entfällt bei tiefgekühltem Blattspinat.)
In einer großen Pfanne das Öl erhitzen, Spinat kurz unter Rühren anbraten. Mit der Zwiebel-Joghurt-Soße aufgießen. Das Spinatcurry zugedeckt 2 Minuten köcheln, mit Salz abschmecken.
Dazu paßt ein Aprikosenchutney und Naturreis.
Für 4 Personen
Pro Portion: 130 kcal

APRIKOSENCHUTNEY

500 g Aprikosen, kleine Schnitze
Saft von 1 Orange
1 EL Zitronensaft
1 EL brauner Zucker
1 Stange Zimt
3 rote Chilischoten
Salz

Alle Zutaten in einen kleinen Topf geben, zugedeckt 7 Minuten leicht köcheln, ab und zu umrühren.
Das Chutney hält sich im Kühlschrank einige Tage.
Für die gesamte Menge: 320 kcal

EINE INDISCHE TAFEL IST IDEAL

um Gäste zu bewirten. Alle Speisen lassen sich gut vorbereiten und werden gleichzeitig serviert.
Zum Currygemüse gibt es Naturreis und abwechslungsreiche Joghurtsoßen, Raitas genannt. Dazu scharfe, süß-saure Chutneys, frische Früchte und Nüsse. Für eine größere Gästezahl wird die indische Tafel um eine Suppe aus Hülsenfrüchten, die wie eine Soße zum Reis gegessen wird, bereichert.

Blumenkohl-Tomaten-Curry (S. 90)
•
Indische Linsensuppe mit aromatischer Kokosmilch (S. 68)
Naturreis
•
Spinat-Joghurt-Soße (S. 101)
Apfelchutney mit Datteln und Walnüssen (S. 92)
Pfirsiche, Feigen, Pistazien

BLUMENKOHL-TOMATEN-CURRY

(Foto Seite 91)

Der Pfiff bei diesem Curry: Der Blumenkohl wird im eigenen Saft mit den Gewürzen langsam gedünstet. Erst zum Schluß kommen die Tomaten in den Topf.

2 EL Öl
4 Knoblauchzehen, fein gehackt
1 TL frischer Ingwer, fein gehackt
1/2 TL schwarze Senfkörner
1/2 TL Cumin, ganze Körner, im Mörser zerstoßen
1/2 TL Koriander, ganze Körner, im Mörser zerstoßen
1 mittelgroßer Blumenkohl (kleine Röschen)
Salz
500 g Tomaten, abgezogen, Stücke oder geschälte Tomaten aus der Dose
1/2 TL Curcuma
1 Prise Chili
1 EL Petersilie oder frischer Koriander, fein gehackt

Öl in einem flachen Topf mit schwerem Boden erhitzen. Knoblauch und Ingwer darin kurz unter Rühren anbraten. Senfkörner dazugeben, kurz unter Rühren braten, bis die Senfkörner anfangen hochzuspringen. Cumin, Koriander und Blumenkohl dazugeben. Blumenkohl salzen und unter Rühren 2 Minuten braten, dann gut zugedeckt auf kleinster Stufe 15–18 Minuten im eigenen Saft dünsten. Ab und zu umrühren, darauf achten, daß der Blumenkohl nicht am Topfboden festklebt. Der Blumenkohl soll sich gelb bis hellbraun verfärben.
Tomaten, Curcuma und Chili untermischen, mit Salz abschmecken. Das Gemüse im geschlossenen Topf noch ca. 20 Minuten bei geringer Hitze dünsten, bis die Tomaten zerfallen und den Blumenkohl mit einer sämigen Soße umgeben. Der Blumenkohl soll noch einen guten Biß haben.
Mit Petersilie garniert servieren.
Dazu paßt ein Apfelchutney (S. 92).
Für 4 Personen
Pro Portion: 125 kcal

GURKEN-RADIESCHEN-RAITA

(Foto Seite 91)

Erfrischende Gemüse-Joghurt-Soße oder Salat.
Dieses Raita ist vielseitig einsetz- und kombinierbar, auch als schnell zubereitete Vorspeise zu Oliven und Fladenbrot.

1/2 Gurke, sehr kleine Würfel
5 Radieschen, sehr kleine Würfel
1 Bund Dill, fein gehackt
500 g Joghurt
1 TL Koriander, ungemahlen
Salz

Gurke, Radieschen, Dill und Joghurt vermischen. Koriander kurz in einer trockenen Pfanne anrösten. Das Raita mit Koriander und Salz würzen.
Für 4 Personen
Pro Portion: 65 kcal

Indische Tafel: Blattspinat in indischer Zwiebel-Joghurt-Soße (Rezept Seite 89), Gurken-Radieschen-Raita, Aprikosenchutney, Blumenkohl-Tomaten-Curry (Rezepte siehe links), Persisches Karotten-Orangen-Pilaw mit Pistazien (Rezept Seite 100)

APFELCHUTNEY MIT DATTELN UND WALNÜSSEN

300 g säuerliche Äpfel, kleine Würfel
Saft von einer Zitrone
Saft von einer Orange
abgeriebene Schale von einer Zitrone
2 1/2 EL brauner Zucker
3 kleine, getrocknete Chilischoten
1 Stange Zimt
1/4 TL Kardamom
Salz
7 getrocknete Datteln, feine Streifen
30 g Walnüsse, längs in Achtel geschnitten

Apfel, Zitronen- und Orangensaft, Zitronenschale, Zucker, Gewürze und eine Prise Salz in einen kleinen Topf geben, gut vermischen und im offenen Topf in 5 Minuten zu einer dicken Sauce einkochen. Vom Feuer nehmen, Datteln und Walnüsse unterrühren, erkalten lassen.
Das Chutney hält sich im Kühlschrank einige Tage.
Für die gesamte Menge: 720 kcal

ZUCCHINI-KARTOFFEL-PAPRIKA-CURRY

2 EL Öl
3 Knoblauchzehen, fein gehackt
1 Zwiebel, fein gehackt
1/2 TL Curcuma
1/2 TL Cumin
1/2 TL Koriander
1 Prise Muskat
1 Prise Piment
1 Prise Chili
2 rote Paprika, 1 cm breite Streifen
200 g Kartoffeln, 1 cm große Stücke
300 g Zucchini, 2 cm große Stücke
Salz
300 ml Gemüsebrühe
1/4 TL abgeriebene Zitronenschale
1 EL frischer Koriander, fein gehackt
1 EL Zitronensaft
1 Tomate, kleine Würfel

Öl in einem schweren, flachen Topf erhitzen, Knoblauch und Zwiebeln unter Rühren goldgelb braten. Die Gewürze dazugeben, unter Rühren kurz anrösten. Paprika hinzufügen, 2 Minuten unter Rühren braten, Kartoffeln und Zucchini dazugeben, leicht salzen, unter Rühren 1 Minute braten. Mit der Brühe aufgießen, mit Zitronenschale würzen, gut umrühren und das Gemüse zugedeckt 15–20 Minuten leicht köcheln lassen. Ab und zu umrühren. Die Soße noch kurz bei offenem Topf etwas einkochen lassen.
Die Gemüsestückchen sollen weich und von einer sämigen Soße umgeben sein. Mit Salz abschmecken, vom Feuer nehmen, fein gehackten Koriander und Zitronensaft unterrühren, mit Tomatenwürfel garniert servieren.
Dazu Tomatenchutney (S. 101), Naturreis und Joghurt.
Für 4 Personen
Pro Portion: 145 kcal

BÖHMISCHES PAPRIKA-KRAUT

Ein herzhafter Gemüsetopf.

1 EL Butter
1 Zwiebel, fein gehackt
4 Knoblauchzehen, fein gehackt
1 TL Paprika, edelsüß
1 Prise Paprika, scharf
500g junges Kraut, feine Streifen
Salz
Pfeffer
1/2 TL Thymian
100ml Gemüsebrühe
100 g Joghurt
100 g Sauerrahm
1 EL Tomatenmark
2 EL Essiggürkchen, fein gehackt

Butter in einem Topf mit schwerem Boden schmelzen. Zwiebeln und Knoblauch darin goldgelb braten. Paprika unterrühren, Kraut dazugeben, alles gut vermischen, mit Salz, Pfeffer und Thymian würzen, zugedeckt 20 Minuten auf kleiner Flamme dünsten, ab und zu umrühren.
Gemüsebrühe, Joghurt, Sauerrahm und Tomatenmark im Mixer auf höchster Stufe vermischen. Die Flüssigkeit und die Essiggürkchen unter das Kraut rühren. Das Kraut zugedeckt noch 5 Minuten köcheln.
Dazu Kartoffelpüree oder gebackene Ofenkartoffeln (S. 94).
Für 2–3 Personen/
Pro Portion: 220 kcal

KARTOFFELN, GETREIDE UND BOHNEN

Aschenputtels Verwandlung

Ein – nein, gleich mehrere neue Sterne gehen auf am Feinschmekkerhimmel, die herzhaften Gerichte mit Kartoffeln, Getreide und Bohnen. Zu lange mußten sie sich auf Grund ihrer Vergangenheit mit einer Nebenrolle begnügen, naserümpfend wurden sie als anspruchslose Arme-Leute-Essen abgewertet.

Aber die tristen Zeiten sind vorbei, und die Aschenputtel von gestern zeigen sich heute von ihrer besten Seite: Persisches Pilaw mit Karotten-Orangen und Pistazien, Pilz-Kräuter-Risotto, goldgelbes Kartoffelgratin mit Safran. Hinter den verführerischen Namen verbergen sich keine simplen Beilagen, die man unachtsam links liegen läßt, sondern vollwertige Hauptgerichte, die alle Geschmacksnerven zum Klingeln bringen. Daß diese Leckerbissen auch noch preisgünstig sind, wird ihnen kaum jemand zum Vorwurf machen.

Kartoffeln, Körner und Hülsenfrüchte sind das Herzstück der schlanken Küche, »Grundnahrungsmittel« im wahrsten Sinne des Wortes. Sie liefern die natürliche Basis für unsere Gesundheit, da sie sämtliche lebensnotwendigen Nährstoffe in einem ausgewogenen, das Wohlbefinden fördernden Verhältnis enthalten.

In diesen kleinen, eßbaren Schätzen stecken große Mengen ballaststoffreicher Kohlenhydrate, wertvolles, aufbauendes Eiweiß und günstigerweise sehr wenig Fett. Aber nicht genug, dazu sind sie eine reiche Quelle für Vitamine, besonders für die wichtigen B-Vitamine.

Hungrige Männer (auch Frauen soll dieses tierische Gefühl manchmal überkommen) sind bestens versorgt mit einem joghurt-würzigen Paprika-Zucchini-Pilaw, das sich mit scharfem Tomaten-Chutney und kühler Spinat-Joghurt-Soße zu einem opulenten Festmahl aufschwingt. Auch die gebackenen Bergsteiger-Bohnen sind nicht zu verachten, mit Vollkornbrot und Salat genau die richtige Aufbaunahrung für hungrige Wanderer am Sonntagabend. Denn praktisch wie diese gesunde Küche nun einmal ist, können die Bohnen schon am Samstag vorbereitet werden und kommen am Sonntag nach der Rückkehr aus unwegsamer Natur nur noch in den Backofen.

Weil's gar zu gut schmeckt, gerät man in Versuchung, schnell zu essen. Diese Hast überrumpelt den natürlichen Sättigungsmechanismus, und es wird mehr gegessen als notwendig wäre. Genießen Sie langsam, das gibt Ihrem Magen die Chance zu melden, wenn er genug hat.

Ein kurzer Satz fürs lange Leben: Wer langsam ißt, ißt weniger!

SELLERIE-KARTOFFEL-PÜREE MIT DILL

Eine reizvolle Kombination aus rohem und gekochtem Sellerie.

250 ml Milch
250 g Selleriewurzel, geschält
500 g mehlige Kartoffeln
abgeriebene Schale von
1/4 ungespritzten Zitrone
1 Prise Muskatnuß
1 Prise Piment
1 Bund Dill, fein gehackt
Salz
Pfeffer

100 g Selleriewurzel fein reiben und mit 3 EL Milch vermischen. Restliche Selleriewurzel mit den ungeschälten Kartoffeln weich kochen (am besten im Dampfeinsatz des Schnellkochtopfs). Die Selleriewurzel und die geschälten Kartoffeln heiß durchpassieren. Die Milch mit abgeriebener Zitronenschale, Muskat und Piment erhitzen, unter das Püree rühren. Das Püree mit geriebenem Sellerie, Dill, Salz und Pfeffer würzen.

Für 4 Personen
Pro Portion: 130 kcal

GOLDGELBES KARTOFFEL-GRATIN MIT SAFRAN

(Foto Seite 95)

1000 g mehlige Kartoffeln, 5 mm dicke Scheiben
500 ml Milch
1 g Safran
1 Prise Muskat
1 Prise Piment
1 Lorbeerblatt
1/4 TL Thymian
Pfeffer
Salz
1/2 TL Butter
60 g Gruyère, gerieben
ersatzweise Emmentaler

Kartoffeln mit kalter Milch, Safran, Muskat, Piment, Lorbeer und Thymian in einen Topf geben, mit Pfeffer und Salz abschmecken, zum Kochen bringen und bei geöffnetem Topf 10 Minuten leicht köcheln.
Eine große, flache Auflaufform mit Butter ausstreichen. Die Kartoffelscheiben mit dem Schaumlöffel aus der Milch heben, in die Auflaufform schichten. Die Milch über die Kartoffeln gießen, Gruyère darauf verteilen. Das Gratin im vorgeheizten Ofen bei mittlerer Hitze ca. 30 Minuten backen, bis alle Milch verkocht ist, die Kartoffeln gar sind und das Gratin eine leicht goldbraune Oberfläche hat.
Wenn notwendig wenig Milch nachgießen.
Schmeckt sehr gut zu geschmortem Fenchel mit Tomaten (S. 79) oder zu einer kalten Spinat-Joghurt-Soße (S. 101).
Für 4 Personen
Pro Portion: 300 kcal

MEXIKANISCHE KARTOFFELN, »PATATAS BRAVAS«

Eine intensiv orangerote, pikante Soße aus passierten Paprikaschoten umgibt die »mutigen« Kartoffeln.

750 g Kartoffeln
2 rote Paprika
50 ml Gemüsebrühe
1 TL Paprika edelsüß
1/4 TL Chili
1/2 TL Oregano
1/2 TL Kümmel
1 EL Olivenöl
1 Zwiebel, fein gehackt
4 Knoblauchzehen, fein gehackt
Salz

Kartoffeln kochen, schälen, in große Schnitze schneiden. Die ganzen Paprikaschoten zugedeckt in reichlich Wasser in 20 Minuten weich kochen. Abgießen, abtropfen lassen. Stiel und Kerne entfernen, das Fruchtfleisch mit Gemüsebrühe im Mixer fein pürieren. Das Püree mit Paprikapulver, Chili, Oregano und Kümmel würzen.
Olivenöl in einer Pfanne mit dickem Boden erhitzen, Zwiebeln und Knoblauch in 5 Minuten goldbraun braten. Die Kartoffelschnitze mit den Zwiebeln vermischen, leicht salzen und 3 Minuten unter Rühren braten. Mit dem Paprikapüree aufgießen, vorsichtig vermischen. Die Kartoffelpfanne zugedeckt 10 Minuten bei schwacher Hitze schmoren, mit Salz abschmecken.
Dazu die Joghurt-Gewürz-Soße (S. 87).
Für 4 Personen
Pro Portion: 175 kcal

GEWÜRZTE KARTOFFELN AUS DEM OFEN

Im Handumdrehen zubereitet, Kartoffeln mit Knusperkruste, Kinder lieben sie!

800 g festkochende, kleine Kartoffeln
1 TL Kümmel
1/2 TL Paprika edelsüß
1 Prise Paprika scharf
Salz
20 g Butter

Die gut gewaschenen Kartoffeln längs halbieren und mit der Schnittfläche nach oben auf ein Backblech setzen. Mit Kümmel, Paprikapulver und Salz würzen.
Auf jede Kartoffelhälfte ein kleines Butterflöckchen geben. Die Kartoffeln im vorgeheizten Ofen 20–25 Minuten bei mittlerer Hitze backen.
Dazu hausgemachter, kräuterwürziger Joghurtfrischkäse (S. 43) oder Joghurt-Gewürz-Soße (S. 87).
Für 4 Personen
Pro Portion: 180 kcal

Goldgelbes Kartoffelgratin mit Safran (Rezept siehe links), Grüne Bohnen mit Paprika-Tomaten-Soße (Rezept Seite 80)

BULGUROTTO

Bulgur, geschroteter, gedämpfter und wieder getrockneter Weizen hat eine extrem kurze Garzeit. Körnig locker wird das Gericht mit grobkörnigem Bulgur.

1 EL Olivenöl
2 Knoblauchzehen, fein gehackt
50 g Karotten, 3 mm kleine Würfel
50 g Selleriewurzel,
3 mm kleine Würfel
50 g Porree, feine Streifen
200 g Champignons,
3 mm kleine Würfel
Salz
Pfeffer
200 g Bulgur
300 ml Gemüsebrühe
2 EL Petersilie, fein gehackt

Olivenöl in einem flachen Topf erhitzen, Knoblauchzehen unter Rühren kurz anbraten. Karotten, Sellerie und Porree hinzufügen, unter Rühren kurz anbraten. Champignons dazugeben, mit Salz und Pfeffer würzen und die Gemüse unter Rühren 1 Minute braten. Bulgur unterrühren mit 250 ml kochender Gemüsebrühe aufgießen. Das Bulgurotto zugedeckt 5 Minuten leicht köcheln, eventuell restliche Gemüsebrühe nachgießen.
Vom Feuer nehmen, zugedeckt noch 10 Minuten quellen lassen, der Bulgur soll körnig locker sein. Mit Petersilie vermischt servieren.
Zu Kohlrabi in Estragoncreme.
Für 4 Personen
Pro Portion: 215 kcal

GEBACKENE BERGSTEIGER-BOHNEN

Kann gut im voraus zubereitet werden.

300 g Wachtelbohnen
3 Lorbeerblätter
1 Nelke
1 gute Prise Muskat
2 EL Öl
1 Zwiebel, fein gehackt
5 Knoblauchzehen, fein gehackt
1 Karotte, sehr kleine Würfel
50 g Sellerie, sehr kleine Würfel
1 EL Petersilienwurzel, fein gehackt
500 g geschälte Tomaten
aus der Dose, Stücke
1/2 TL Oregano
1/2 TL Thymian
1 EL Dijon-Senf (scharfer Senf)
100 ml Rotwein
Salz

Bohnen 6 Stunden in kaltem Wasser einweichen, abgießen, abtropfen lassen und mit 1000 ml Wasser, Lorbeerblättern, Nelke und Muskat zum Kochen bringen. In 45–60 Minuten weich köcheln. Eventuell etwas Wasser nachgießen, am Ende der Kochzeit soll die Kochflüssigkeit bis auf 200 ml eingekocht sein. (Nicht eingeweichte Bohnen werden in 25 Minuten im Schnellkochtopf weich – von der Kochflüssigkeit 200 ml abmessen.)
In einer Pfanne Öl erhitzen, Zwiebeln und Knoblauch goldbraun braten. Karotten, Sellerie und Petersilienwurzel dazugeben, kurz unter Rühren braten. Tomaten unterrühren, mit Oregano und Thymian würzen, 3 Minuten leicht köcheln. Senf und Rotwein verrühren, mit der Tomatensoße unter die Bohnen mischen, mit Salz abschmecken. Die Bohnen in eine Auflaufform geben und zugedeckt bei mittlerer Hitze 1 bis 1 1/4 Stunden backen. Die Bohnen sollen von einer sehr dicken, sämigen Soße umgeben sein.
Dazu paßt Vollkornbrot und Feldsalat mit Sesamsoße (S. 49).
Für 4 Personen
Pro Portion: 345 kcal

WEIZENKLÖSSCHEN

400 g gekochte Weizenkörner
1 EL Butter
1/2 Zwiebel, Stücke
3 Knoblauchzehen
2 EL Selleriewurzel, fein gerieben
1 EL Karotten, fein gerieben
1/2 Bund Petersilie, fein gehackt
3 EL Schnittlauch, fein geschnitten
1 EL Liebstöckel, fein gehackt
1/2 TL Majoran
1 Prise Muskat
etwas abgeriebene Schale von einer ungespritzten Zitrone
1 Ei
1 Eiweiß
3–4 EL Mehl (Type 1050)
Salz
Pfeffer

Weizenkörner durch den Fleischwolf drehen.
Die Butter in einer Pfanne erhitzen, Zwiebeln und Knoblauch darin glasig dünsten.
Die Weizenmasse mit gedünsteten Zwiebeln, Sellerie, Karotten, Petersilie, Schnittlauch, Liebstöckel, Majoran, Muskat, Zitronenschale, Ei und Mehl verkneten. Die Masse mit Salz und Pfeffer würzen.
Klößchen von ca. 5 cm Durchmesser formen, im leicht kochenden Salzwasser 15 Minuten ziehen lassen. Oder in einem Siebeinsatz über Wasserdampf garen.
Dazu Porree in samtiger, grüner Soße (S. 88).
Für 4 Personen/
Pro Portion: 385 kcal

SPINATRISOTTO

2 EL Olivenöl
1 Zwiebel, fein gehackt
4 Knoblauchzehen, fein gehackt
250 g Naturreis
700 ml Gemüsebrühe
1 Prise Muskat
1 Prise Piment
etwas abgeriebene Zitronenschale von einer ungespritzten Zitrone
500 g Spinat, geputzt gewogen oder 300 g tiefgekühlter, angetauter Blattspinat
Salz
Pfeffer
2 EL Parmesan

1 EL Öl in einem Topf mit schwerem Boden erhitzen, Zwiebeln und die Hälfte des Knoblauchs in 10 Minuten glasig dünsten, ab und zu umrühren. Reis dazugeben, unter Rühren kurz anbraten, bis alle Körner glänzend mit Öl überzogen sind. Mit 600 ml Gemüsebrühe aufgießen, Muskat, Piment und abgeriebene Zitronenschale dazugeben. Den Reis zum Kochen bringen und zugedeckt ca. 40 Minuten köcheln.
Spinat in kochendem Salzwasser kurz blanchieren, abgießen, abtropfen lassen und leicht ausdrücken. (Bei tiefgekühltem Spinat entfällt dieser Garvorgang.)
In einer Pfanne 1 EL Öl erhitzen, den restlichen Knoblauch anbraten, Spinat dazugeben, unter Rühren kurz erhitzen, leicht salzen und pfeffern.
Spinat mit der restlichen Gemüsebrühe aufgießen, vorsichtig unter das Risotto mischen.
Das Risotto noch einige Minuten köcheln, bis die Brühe fast aufgenommen ist. Das Risotto soll saftig und nicht zu trocken sein.
Parmesan unter das fertige Risotto mischen.
Für 4–6 Personen
Pro Portion: 235 kcal

GEWÜRZE

entfalten das meiste Aroma, wenn sie erst kurz vor dem Gebrauch gemahlen werden. Kaufen Sie darum Cumin (Kreuzkümmel), Koriander, Piment und Pfeffer in Körnchenform und zerstoßen Sie die Aromaspender erst unmittelbar vor dem Kochen in einem Mörser. Ein winziger Mehraufwand, der mit viel Geschmack belohnt wird. Noch ein Vorteil, ganze Gewürze verduften nicht so schnell wie ihre pulverisierten Pendants.

PILZ-KRÄUTER-RISOTTO

20 g getrocknete Steinpilze
1 EL Olivenöl
1/2 Zwiebel, fein gehackt
3 Knoblauchzehen, fein gehackt
250 ml Naturreis
500 ml Gemüsebrühe
1 Lorbeerblatt
1 EL Butter (15 g)
300 g Champignons, 3 mm dünne Scheiben
100 g Porree, längs halbiert, 5 mm dünne Streifen
1 Bund Petersilie, fein gehackt
Salz
Pfeffer
80 ml trockener Weißwein
40 g Parmesan, gerieben
3 EL Basilikum, fein gehackt
1 TL frischer Thymian, fein gehackt
1 TL frisches Oregano, fein gehackt

Steinpilze in 200 ml heißem Wasser 20 Minuten einweichen, abgießen, Einweichwasser auffangen, durch einen Papierfilter abgießen. Steinpilze kurz unter kaltem Wasser abspülen, abtropfen lassen, in feine Streifen schneiden.
Öl in einem Topf mit schwerem Boden erhitzen, Zwiebeln und Knoblauch in 10 Minuten glasig dünsten, ab und zu umrühren. Reis dazugeben, unter Rühren kurz anbraten, bis alle Körner glänzend mit Öl überzogen sind. Mit 400 ml Gemüsebrühe aufgießen, Lorbeerblatt dazugeben, zum Kochen bringen, zugedeckt 30 Minuten leicht köcheln.
In einer schweren Pfanne die Butter erhitzen, Champignons, Porree, Steinpilze und Petersilie 4 Minuten unter Rühren braten, mit Salz und Pfeffer würzen, mit Weißwein aufgießen. Das Gemüse zum Reis geben, mit dem Steinpilzeinweichwasser aufgießen, vorsichtig umrühren und das Risotto zugedeckt noch ca. 20 Minuten leicht köcheln. Bei Bedarf noch etwas Gemüsebrühe nachgießen.
Das Risotto soll saftig und nicht zu trocken sein.
Parmesan und Kräuter unter das fertige Risotto mischen.
Für 4 Personen
Pro Portion: 380 kcal

ZUCCHINI-HIRSE-RISOTTO

(Foto Seite 99)

Knackige Zucchiniwürfel, frische Minze und ein Hauch Zitronenaroma heitern die Hirse auf.

2 EL Olivenöl
1 Zwiebel, fein gehackt
1/4 TL Cumin
1/4 TL Koriander
1/4 TL Oregano
1 Prise Chili
250 ml Hirse
50 ml Gemüsebrühe
1 Nelke
4 Knoblauchzehen, fein gehackt
400 g Zucchini, sehr kleine Würfel
Salz
abgeriebene Schale von 1/4 ungespritzten Zitrone
2 TL frische Minze oder Dill, fein gehackt

1 EL Olivenöl in einem Topf mit dickem Boden erhitzen, Zwiebel in 5 Minuten goldbraun anbraten, ab und zu umrühren. Cumin, Koriander, Oregano, Chili unter die Zwiebel rühren, kurz anrösten. Die gut gewaschene, abgetropfte Hirse dazugeben, mit der Zwiebelgewürzmischung verrühren. Mit der Gemüsebrühe aufgießen, die Nelke hinzufügen, zugedeckt zum Kochen bringen. Hirse im vorgeheizten Ofen bei mäßiger Hitze in 20 Minuten ausquellen lassen.
Das restliche Olivenöl in einer Pfanne erhitzen, Knoblauch kurz anbraten, Zucchini hinzufügen, leicht salzen und unter Rühren 2 Minuten braten. Zucchiniwürfel, Zitronenschale und Minze unter die Hirse heben. Eventuell noch wenig Gemüsebrühe dazugeben.
Das Zucchini-Hirse-Risotto noch 5 Minuten im heißen, abgeschalteten Ofen durchziehen lassen.
Dazu paßt das Spinat-Raita.
Für 4 Personen
Pro Portion: 325 kcal

Zucchini-Hirse-Risotte (Rezept siehe links), Gedünsteter Porree mit samtiger, grüner Soße (Rezept Seite 88)

PERSISCHES KAROTTEN-ORANGEN-PILAW MIT PISTAZIEN

(Foto Seite 91)

2 EL Butter
1 Zwiebel, fein gehackt
250 ml Naturreis
750 ml Gemüsebrühe
1 Nelke
1 Prise Muskat
10 g Safran
300 g Karotten, 3 cm lange, 1/2 cm dicke Stifte
Salz
Schale von 1/4 ungespritzten Orange, feine Streifen
1 EL Mandelblättchen
1 EL Pistazien

1 EL Butter in einem schweren Topf schmelzen, Zwiebeln darin unter Rühren goldgelb braten. Reis dazugeben, unter Rühren kurz anbraten. Reis mit 500 ml Gemüsebrühe aufgießen, mit Nelke, Muskat und Safran würzen, zugedeckt 20 Minuten leicht köcheln.
Die restliche Butter in einer schweren Pfanne erhitzen. Karotten unter Rühren 5 Minuten braten. Nach Geschmack salzen.
Orangenschale und Mandeln dazugeben, unter Rühren kurz braten, Pistazien unterrühren kurz mitbraten, mit der restlichen Gemüsebrühe aufgießen und vorsichtig unter den Reis heben. Das Pilaw noch 20 Minuten leicht köcheln.
Wenn das Pilaw zu suppig wird, gegen Ende der Garzeit den Topfdeckel abnehmen.
Dazu Pfirsich-Bananen-Raita (S. 101).
Für 4 Personen
Pro Portion: 355 kcal

PAPRIKA-ZUCCHINI-PILAW

Ein saftiges, duftendes Reisvergnügen.
Etwas aufwendiger, dafür kann dieses orientalische Gericht schon im voraus backofenfertig gemacht werden.

3 EL Olivenöl
200 g Zwiebeln, fein gehackt
4 Knoblauchzehen, fein gehackt
1 TL Cumin
1 TL Koriander
5 Pimentkörner
1 Prise Muskat
1 Prise Zimt
250 ml Naturreis
500 ml Gemüsebrühe
500 g rote Paprika
500 g Zucchini, 1 cm dicke Längsscheiben
2 EL Pistazien, grob gehackt
200 g Joghurt
1 Ei
1 EL Minze oder Petersilie, fein gehackt

2 EL Olivenöl in einem Topf mit dickem Boden erhitzen. Zwiebeln und Knoblauch dazugeben, in 10 Minuten goldbraun braten, ab und zu umrühren. Cumin, Koriander und Pimentkörner im Mörser zerstoßen und mit Muskat und Zimt unter die Zwiebeln rühren, kurz anrösten. Reis dazugeben, 1 Minute unter Rühren braten, bis alle Körner gleichmäßig glänzen. Reis mit Gemüsebrühe aufgießen, zum Kochen bringen und zugedeckt ca. 45 Minuten leicht köcheln, eventuell noch wenig Brühe nachgießen. Während der Reis köchelt, bleibt genug Zeit, um die Gemüse vorzubereiten. Die Paprikaschoten im vorgeheizten Ofen bei guter Hitze 20 Minuten backen, einmal umdrehen. Die Haut der Paprika soll sich zum Teil schwarzbraun färben und Blasen werfen. Die Paprikaschoten in einer geschlossenen Plastiktüte kurz abkühlen lassen. (Durch diese Prozedur löst sich die zähe Haut spielend leicht.) Haut abziehen, Kerne entfernen und die Paprikaschote in 4 cm breite Streifen schneiden.
Ein Backblech mit 1/2 EL Öl ausstreichen, Zucchinischeiben nebeneinander legen und 10 Minuten backen.
Eine Auflaufform (ca. 25 cm Durchmesser) mit 1/2 EL Öl ausstreichen. Gekochten Reis mit Pistazien vermischen. Die Hälfte Reis in die Form streichen.
Joghurt mit Ei verrühren, leicht salzen. Paprikastreifen im Joghurt wenden, als zweite Schicht in die Form geben, den Rest Reis darauf verteilen.
Die Zucchinischeiben im Joghurt wenden. Das Pilaw mit den Zucchinischeiben abdecken, mit der restlichen Joghurtsoße begießen.
Das Pilaw gut verschlossen im vorgeheizten Ofen 30 Minuten backen. Mit Minze garniert servieren.
Dazu Gurken-Radieschen-Raita (S. 90) und Tomatenchutney (S. 101).
Für 4–6 Personen
Pro Portion: 300 kcal

PFIRSICH-BANANEN-RAITA

100 g Pfirsiche, kleine Stücke
1/2 Banane, dünne Scheiben
250 g Joghurt
1/2 TL Honig
1 Prise Kardamom

Alle Zutaten vermischen.
Für die gesamte Menge: 240 kcal

TOMATENCHUTNEY

Pikante, süß-saure Gewürzsoße.

1 EL Öl
1/2 Zwiebel, fein gehackt
1/2 TL Cumin
3 getrocknete Chilischoten
1 Prise Piment
1 Prise Zimt
1 Prise Kardamom
600 g Tomaten, Würfel
1 1/2 EL brauner Zucker
Salz

Öl in einem kleinen Topf erhitzen, Zwiebeln darin in 5 Minuten unter Rühren goldbraun braten. Cumin, Chilischoten, Piment, Zimt und Kardamom unterrühren, kurz anrösten, Tomaten, Zucker und Salz hinzufügen. Das Chutney zugedeckt in 10 Minuten zu einer dicken Soße einköcheln.
Schmeckt heiß und kalt, hält sich gut verschlossen im Kühlschrank einige Tage.
Für die gesamte Menge: 340 kcal

SPINAT-JOGHURT-SOSSE

200 g Spinat, geputzt gewogen
oder 100 g tiefgekühlter Blattspinat
Salz
1 EL Öl
1 TL schwarze Senfkörner
250 g Joghurt
Saft von einer halben Zitrone
1/4 TL abgeriebene Zitronenschale
1 EL Petersilie, fein gehackt
1 EL Schnittlauch, fein geschnitten

Den Spinat in reichlich kochendem Salzwasser kurz blanchieren, abgießen, abtropfen lassen, leicht ausdrücken und in mundgerechte Stücke schneiden. (Entfällt bei tiefgekühltem Spinat.)
Öl in einer kleinen Pfanne erhitzen, Senfkörner kurz unter Rühren anbraten, Spinat dazugeben, salzen und unter Rühren braten, bis der Spinat ziemlich trocken ist (ca. 3 Minuten).
Joghurt mit Zitronensaft, Zitronenschale und Kräutern verrühren, den Spinat untermischen, das Raita mit Salz abschmecken und im Kühlschrank 1 Stunde durchziehen lassen.
Für 4 Personen
Pro Portion: 75 kcal

SÄMIGE, SCHLANKE SOSSEN

mit Joghurt gebunden, flocken nicht aus, wenn Joghurt, Gemüsebrühe und Tomatenmark im Mixer auf höchster Stufe püriert werden.

ZWIEBEL-TOMATEN-SOSSE

Dieses einfache Gericht schmeckt am besten, wenn die Gewürze frisch im Mörser zerstoßen werden.

1 EL Butter
250 g Schalotten, geviertelt
oder Zwiebeln, halbiert,
in 5mm dünne Scheiben
geschnitten
1/2 TL Cumin
1/2 TL Koriander
1/4 TL Ingwer, fein gehackt
1/2 TL Honig
1 EL Sojasoße
300 g Tomaten, abgezogen, kleine
Stücke oder geschälte Tomaten
aus der Dose (mit Saft)

Die Butter in einer Pfanne mit dickem Boden schmelzen. Die Zwiebeln bei milder Hitze 10 Minuten anbraten, ab und zu umrühren. Zwiebeln zugedeckt noch 15 Minuten bei geringer Hitze dünsten, ab und zu umrühren, die Zwiebeln sollen goldbraun und sehr weich sein. Die Gewürze unterrühren, kurz anrösten, Honig und Sojasoße unterrühren, die Flüssigkeit kurz einkochen lassen. Tomaten dazugeben, das Gemüse zugedeckt noch 5 Minuten leicht köcheln.
Für 2 Personen
Pro Portion: 130 kcal

AUS DEM OFEN

Entspannt feiern

Eine stressige Einladung – schon der Gedanke daran verursacht nervöses Herzklopfen. Das Essen befindet sich im kritischen Zustand kurz vor der Vollendung. Sie hetzen zwischen Küche und Eingangstür hin und her, die eine Hand begrüßt die Gäste, während die andere mit dem Kochlöffel das Anbrennen der Soße verhindern sollte. Eine dritte Hand, um die Drinks zu servieren, fehlt. Sie fordern die Gäste mit zerzausten Haaren und geröteten Wangen zur Selbstbedienung auf und ärgern sich maßlos, daß Sie in der Schürze dastehen, während Ihr Besuch sich lässig und durchgestylt auf dem Sofa niederläßt.

Damit die nächste Einladung auch für die Gastgeber ein entspanntes Vergnügen wird, sollten Sie ein Sizilianisches Gemüsegratin auftragen. Dieses attraktive Ofengericht, die oberste Schicht bilden abgezogene, leuchtend rote Paprikaschoten, kann mit einem Salat gut vorbereitet werden. Ihnen bleibt genug Zeit und Muße, um sich in ein festliches Outfit zu werfen. Kurz bevor die erwartungsfrohen Gäste eintreffen, kommt das Gratin in den Backofen und der Salat muß nur noch mit der Marinade vermischt werden.

Backofengerichte fördern die häusliche Geselligkeit, auch in größeren Mengen problemlos vorbereitet, erfordert ihre Fertigstellung weder Arbeit noch Aufmerksamkeit, nur einen funktionierenden Küchenwecker, der nach Beendigung der Garzeit verläßlich klingelt.

Goldbraune Knusperkrusten sind beliebt, leider tropfen sie oft vor Fett, besonders wenn sie aus der Pfanne kommen. Kein Grund zur Enttäuschung, wieder einmal muß um der Schlankheit willen kein Verzicht geübt werden. Die unbeschwerliche Alternative sind Gratins aus dem heißen Backofen, mit wenig Fett bäckt ihre Oberfläche knusprig braun. Ein weiterer Vorteil, kein penetranter Geruch wie bei Pfannengebratenem, sondern der angenehme Duft des Gratins aus dem Rohr erfüllt die Küche.

KOHLRABIGRATIN MIT GORGONZOLA

(Foto Seite 103)

1/2 TL Butter
800 g junge Kohlrabi, mit dem Gurkenhobel geschnitten
Salz
Pfeffer
100 g Joghurt
50 g Sauerrahm
1 Ei
100 g Gorgonzola, kleine Stücke
1 EL Petersilie

Eine flache Auflaufform mit Butter ausstreichen, Kohlrabi dachziegelartig einschichten, leicht salzen und pfeffern. Joghurt, Sauerrahm und Ei verrühren, mit Salz und Pfeffer abschmecken, die Soße über die Kohlrabi gießen, Gorgonzola darauf verteilen.

Das Gratin im vorgeheizten Ofen ca. 20 Minuten bei mittlerer Hitze backen. Mit Petersilie garniert servieren.

Für 4 Personen
Pro Portion: 200 kcal

Kohlrabigratin mit Gorgonzola (Rezept siehe oben)

PINOT GRI
VINO DA
TORRESE
75 cl.

TÜRKISCHE, GEBACKENE GEMÜSE

Ein schnell zubereitetes Rezept aus dem malerischen Restaurant »Palme« in Wien.
Schmeckt heiß und kalt, als Vorspeise oder Hauptgericht.

1 EL Olivenöl
250 g Auberginen, 1 cm breite Längsscheiben
250 g Zucchini, 1,5 cm breite Längsscheiben
1 rote Paprika, 8 Schnitze
Salz
250 g Champignons, Stiele entfernt
Salz
1 Rezept Joghurt-Gewürz-Soße (S. 87)
125 ml passierte Tomaten
1/2 TL Paprika, edelsüß
1/2 TL Oregano

Ein Backblech mit 1/2 EL Olivenöl ausstreichen. Auberginen, Zucchini und Paprikaschnitze nebeneinander darauf legen. Die Gemüse leicht salzen und im vorgeheizten Ofen bei mittlerer Hitze 10 Minuten backen.
Die Gemüse vom Backblech nehmen, dieses mit dem restlichen Öl einstreichen, die Gemüse umgedreht nebeneinander auf das Blech geben und 10 Minuten backen.
Die Champignons mit dem Stielansatz nach oben in eine kleine Form legen und die letzten 10 Minuten mitbacken.
In der Backzeit der Gemüse die Joghurt-Gewürz-Soße zubereiten und in einem kleinen Topf die passierten Tomaten mit Paprikapulver und Oregano erhitzen, zugedeckt 2 Minuten leicht köcheln.
Die gebackenen Gemüse auf einer großen Platte anrichten, mit der Tomatensoße bestreichen und die Joghurt-Gewürz-Soße darüber gießen. Statt Joghurt-Gewürz-Soße schmeckt auch Joghurt pur.
Für 4 Personen
Pro Portion: 115 kcal
Vorspeise für 6–8 Personen

MANGOLDGRATIN

Etwas aufwendiger, aber die Mühe wird belohnt, mit einem attraktiven, gehaltvollen Gericht und zufriedenen Gästen. Läßt sich gut vorbereiten.

500 g Mangold
2 EL Olivenöl
1 Zwiebel, fein gehackt
6 Knoblauchzehen, fein gehackt
Salz
1/4 TL Thymian
Pfeffer
400 g Tomaten, abgezogen, kleine Würfel, oder geschälte Tomaten aus der Dose
1/2 TL Basilikum
400 g gekochte, mehlige Kartoffeln, 5 mm dünne Scheiben
100 g Parmesan, gerieben
1 Bund Petersilie, fein gehackt
300 g Champignons, 3 mm dünne Scheiben

Vom Mangold die weißen Stielansätze abschneiden und in feine Streifen schneiden. 1 EL Olivenöl in einer kleinen Pfanne erhitzen, Zwiebeln und die Hälfte des Knoblauchs 3 Minuten unter Rühren anbraten, kleingeschnittene Mangoldstiele dazugeben, mit Salz, Thymian und Pfeffer würzen, unter Rühren 2 Minuten braten. Die Mangoldblätter in reichlich kochendem Salzwasser 1 Minute blanchieren, abgießen und abtropfen lassen.
Tomatenwürfel mit dem restlichen Knoblauch und Basilikum vermischen, mit Salz und Pfeffer abschmecken.
Eine große, flache Auflaufform mit 1/2 EL Öl einstreichen. Den Boden mit einer Lage Mangoldblätter bedecken, darauf die Kartoffelscheiben eng nebeneinander legen, leicht salzen und mit 1/3 des Parmesans bestreuen.
Die nächste Schicht bilden Champignons und Petersilie, leicht salzen, mit 1/3 des Parmesans bestreuen. Die Tomatensoße gleichmäßig auf dem Gemüse verteilen, das Gratin mit einer dichten Lage von Mangoldblättern abschließen. Restlichen Parmesan darauf verteilen, mit dem übrigen Olivenöl beträufeln.
Das Gratin im vorgeheizten Ofen bei mittlerer Hitze 20–25 Minuten backen.
Für 6 Personen
Pro Portion: 205 kcal

ANDALUSISCHE ARTISCHOCKENPFANNE

2 Artischocken
Saft von 1/2 Zitrone
Salz
300 g neue Kartoffeln, ungeschält, 1 cm breite Längsscheiben
200 g Tomaten, abgezogen, kleine Würfel
1 junge Knoblauchknolle, ganze Zehen, geschält
1/2 Bund Petersilie, fein gehackt
250 ml Gemüsebrühe
1/4 TL Oregano
1/4 TL Thymian
Piment
Muskat
1 EL Olivenöl
Pfeffer
1 Bund Basilikum, fein gehackt

Artischocken längs halbieren, Schnittflächen sofort mit Zitronensaft einreiben, damit sie sich nicht schwarz verfärben. Mit einem kleinen scharfen Messer vorsichtig die feinen Fasern vom Fruchtboden lösen. Artischockenhälften in reichlich kochendes Salzwasser geben und zugedeckt 10 Minuten leicht kochen.
Artischocken aus dem Wasser nehmen und abtropfen lassen. Die Artischocken mit den Schnittflächen nach oben in eine feuerfeste Auflaufform oder einen Topf mit gut schließendem Deckel geben. Kartoffeln, Tomaten und Knoblauchzehen zwischen die Artischocken schichten, leicht salzen. Petersilie über das Gemüse streuen. Die Gemüsebrühe mit Oregano, Thymian, Piment, Muskat, Olivenöl und Pfeffer verrühren und über die Gemüse gießen. Die Gemüsebrühe auf dem Herd zum Kochen bringen.
Die Artischockenpfanne zugedeckt 45–60 Minuten bei mäßiger Hitze garen. Die Artischocken sind fertig, wenn sich die Blättchen leicht herausziehen lassen. Artischocken und Kartoffeln auf einer Platte anrichten, mit der Soße begießen und mit Basilikum garniert servieren.
Für 2 Personen
Pro Portion: 145 kcal

GRATINIERTE KRÄUTERTOMATEN

(Foto Seite 107)

8 mittelgroße Tomaten
1 Scheibe Weizenvollkornbrot (50 g), fein zerkrümelt
4 Knoblauchzehen, fein gehackt
2 Bund Basilikum, fein gehackt
2 EL Petersilie, fein gehackt
2 TL frisches Oregano, fein gehackt
1 TL frischer Thymian, fein gehackt
4 Frühlingszwiebeln, feine Ringe
1 Eigelb
1 EL Olivenöl
Salz
Pfeffer

Die Tomaten halbieren, mit dem Löffel vorsichtig aushöhlen. Brot, Knoblauchzehen, Basilikum, Petersilie, Oregano, Thymian, Frühlingszwiebeln, Eigelb und Olivenöl vermischen, mit Salz und Pfeffer abschmecken. Die Masse in die Tomatenhälften füllen.
Die Tomaten im vorgeheizten Ofen 15–20 Minuten gratinieren.
Für 4 Personen
Pro Portion: 130 kcal

ZUCCHINI MIT KNUSPERKRUSTE

1 1/2 EL Olivenöl
800 g Zucchini, 1 cm dicke Längsscheiben
Salz
2 Scheiben Weizenvollkornbrot (100 g), fein zerkrümelt
50 g Emmentaler, gerieben
abgeriebene Schale von 1 ungespritzten Zitrone
2 EL Petersilie, fein gehackt
2 EL Frühlingszwiebeln, feine Ringe
2 Knoblauchzehen, fein gehackt
schwarzer Pfeffer, frisch gemahlen

Eine große, flache Auflaufform oder ein Backblech mit 1 TL Öl ausstreichen. Die Zucchinischeiben eng nebeneinander in die Form legen. (Sie dürfen nicht überlappen.) Leicht salzen.
Brot mit Käse, Zitronenschale, Petersilie, Frühlingszwiebeln, Knoblauch und dem restlichen Öl vermischen, mit Pfeffer und Salz würzen. Die Masse gleichmäßig auf den Zucchinischeiben verteilen.
Die Zucchini im vorgeheizten Ofen bei mittlerer Hitze 15–18 Minuten überbacken. Die Zucchini sollen noch einen guten Biß haben.
Eine runde Sache mit Tomaten-Basilikum-Sugo (S. 74) und Sellerie-Kartoffel-Püree mit Dill.
Weniger aufwendig, aber auch empfehlenswert dazu, marokkanischen Salat (S. 50).
Hauptgericht für 4, Vorspeise für 6–8 Personen
Für Hauptgericht pro Portion: 195 kcal

KÜRBISSOUFFLÉ

Kräftig orangeroter Kürbis im Dampf gegart, bewahrt sein zartes Aroma. Sieht wunderschön aus!

900 g Kürbis, 4 cm große Stücke
50 g Parmesan, fein gerieben
1/2 TL Ingwer, fein gerieben
abgeriebene Schale von
1/4 ungespritzten Zitrone
2 TL Zitronensaft
1 TL frischer Thymian, fein gehackt
1 Prise Chili
1 Prise Muskat
3 Eier
Salz
1 TL Butter

Kürbis in einem Siebeinsatz über Wasserdampf in 20 Minuten weich garen. Den Kürbis durchpassieren. (Geht am schnellsten mit der Flotten Lotte.) Kürbispüree mit Parmesan, Ingwer, Zitronenschale, Zitronensaft, Thymian, Chili, Muskat und Eigelb verrühren und mit Salz abschmecken. Eiweiß steif schlagen und unter das Püree heben. Eine hohe Auflaufform mit Butter ausstreichen, die Masse einfüllen. Das Soufflé im vorgeheizten Ofen bei mittlerer Hitze 35–40 Minuten backen. Sofort servieren.
Zum Kürbissoufflé paßt Blattsalat.
Als Vorspeise auch kalt mit Tomatenchutney (S. 101).
Für 4 Personen
Pro Portion: 185 kcal
Vorspeise für 8 Personen

SPINAT-SCHAFSKÄSE-PASTETE

300 g Spinat, geputzt gewogen,
oder 200 g tiefgekühlten Blattspinat
Salz
1 1/2 EL Olivenöl
1/2 Zwiebel, fein gehackt
3 Knoblauchzehen, fein gehackt
100 g Schafskäse (Feta), kleine Stücke
1 Ei
1 Scheibe Weizenvollkornbrot, fein zerkrümelt
1/2 TL Thymian
1 Prise geriebene Muskatnuß
Pfeffer

Den Spinat in reichlich kochendem Salzwasser kurz blanchieren, in einem Sieb gut abtropfen lassen, leicht ausdrücken, in mundgerechte Stücke schneiden. (Tiefgekühlter Spinat muß nicht blanchiert werden.)
1 EL Olivenöl erhitzen. Zwiebeln und Knoblauch andünsten, Spinat kurz mitdünsten, in eine Schüssel geben, mit Schafskäse, Ei, Brot, Thymian, Muskat und Pfeffer vermischen.
Eine kleine Auflaufform mit dem restlichen Öl ausstreichen. Die Spinatmasse einfüllen, glattstreichen und bei mittlerer Hitze ca. 30 Minuten backen.
Vorspeise für 4 Personen
Pro Portion: 155 kcal

BLUMENKOHL-KARTOFFEL-GRATIN

Zur Abwechslung Blumenkohl und Kartoffeln roh in gewürzter Milch gebacken.
Effekt: Das ganze Gratin ist von feinem Blumenkohlgeschmack durchzogen.

1 TL Öl
300 g Blumenkohl, kleine Röschen
400 g Kartoffeln, dünne Scheiben
Salz
400 ml Milch
1 Prise Muskatblüte
1 Prise Chili
1 TL Thymian, fein gehackt
abgeriebene Schale von 1/4 Zitrone
20 g Parmesan
1 EL Petersilie, fein gehackt

Eine große flache Auflaufform mit Öl ausstreichen. Abwechselnd Blumenkohl und Kartoffeln in einer dünnen Schicht in die Form geben. Die Gemüse salzen. Milch mit Muskatblüte, Chili, Thymian und Zitronenschale würzen, über das Gemüse gießen. Das Gratin im vorgeheizten Ofen bei mittlerer Hitze insgesamt 35–40 Minuten backen. Nach 20 Minuten mit Parmesan bestreuen, wenn nötig noch Milch nachgießen.
Das Gratin mit Petersilie garniert servieren.
Auch dazu paßt die kalte Spinat-Joghurt-Soße (S. 101).
Für 4 Personen
Pro Portion: 165 kcal

Gratinierte Kräutertomaten
(Rezept Seite 105)

SIZILIANISCHES GEMÜSE-GRATIN

Ein prächtiger Anblick, ein saftiges Eßvergnügen.

4 große rote Paprikaschoten
2 EL Olivenöl
400 g Zucchini, 1/2 cm dicke Längsscheiben
Salz
Pfeffer
60 g Parmesan, gerieben
400 g Tomaten, abgezogen, Würfel
2 Knoblauchzehen, fein gehackt
2 EL Petersilie, fein gehackt
1/4 TL Basilikum
1/4 TL Oregano
1/4 TL Thymian
8 schwarze Oliven

Die Paprikaschoten im vorgeheizten Ofen bei guter Hitze 20 Minuten backen, einmal umdrehen. Die Haut der Paprika soll sich schwarzbraun färben und Blasen werfen. In einer Plastiktüte die Paprikaschoten etwas abkühlen lassen. (Durch diese Prozedur löst sich die Haut spielend leicht ab.) Haut abziehen, die Paprikaschoten möglichst in einem Stück lassen, Kerne entfernen, den Saft der Paprika auffangen.
Eine große Auflaufform mit 1/2 EL Olivenöl ausstreichen. Den Boden mit einer Schicht Zucchinischeiben bedecken, salzen, pfeffern und mit der Hälfte des Parmesans bestreuen. Die nächste Schicht bilden Tomaten, gewürzt mit Salz, Knoblauch, Petersilie, Basilikum, Oregano und Thymian.
Den Paprikasaft über die Tomaten gießen und das Gratin mit den Paprikaschoten abdecken. Den restlichen Parmesan darauf verteilen, mit Oliven garnieren und mit dem restlichen Öl beträufeln.
Das Gratin im vorgeheizten Ofen bei mittlerer Hitze 25–30 Minuten backen. Die Zucchini sollen weich sein, aber noch Biß haben.
Dazu Polenta, Hirse oder Vollkornbaguette.
Für 4–6 Personen
Pro Portion: 145 kcal

TOFU-GEMÜSE TERIYAKI

Einfach zubereiteter japanischer Schmortopf.
Gemüse und Tofu garen in würziger Sherry-Sojasoße.
Zur Geschmacksintensivierung wird der Tofu zuerst mariniert.

Tofumarinade:
1 EL Öl
50 ml Gemüsebrühe
50 ml Sojasoße
50 ml Medium Sherry
1 EL Honig
1 TL Ingwer, fein gehackt
3 Knoblauchzehen, fein gehackt
1 Prise Chili

Schmortopf:
200 g Tofu, kleine Würfel
1 EL Öl
2 Zwiebeln, halbiert, Scheiben
2 grüne Paprika, Schnitze
250 g Champignons, halbiert
250 g Zucchini, 1,5 cm dicke Scheiben
250 g Tomaten, abgezogen, kleine Würfel
3 Frühlingszwiebeln, feine Ringe

Alle Zutaten für die Marinade verrühren, Tofuwürfel damit übergießen, Tofu im Kühlschrank 3 Stunden durchziehen lassen. Tofu in einem Sieb abtropfen lassen, die Marinade auffangen.
Öl in einer Pfanne erhitzen, Zwiebeln unter Rühren goldbraun braten. Die Zwiebeln auf den Boden einer flachen Auflaufform geben. Paprika, Champignons, Zucchini, Tomaten und Tofuwürfel vermischt in die Form schichten, die Marinade darauf verteilen. Den Gemüsetopf im vorgeheizten Ofen, bei guter Hitze zuerst 15 Minuten offen, dann ca. 20 Minuten zugedeckt backen. Die Gemüse sollen noch Biß haben. Mit Frühlingszwiebeln garniert servieren.
Dazu Naturreis.
Für 4 Personen
Pro Portion: 190 kcal

CHINESISCHE KRAUTWICKEL

Ein etwas aufwendigeres Rezept, dafür aber ein neues, leichtes Krautwickel-Erlebnis.

3 EL Sojasauce
1/2 TL Ingwer, frisch gerieben
1 Prise Chili
2 Knoblauchzehen, fein gehackt
200 g Tofu, sehr kleine Würfel
1 Kopf Weißkraut
2 1/2 EL Öl
1 EL ungeschälter Sesam
100 g Sojasprossen
100 g Karotten, streichholzgroße Stifte
50 g Sellerie, streichholzgroße Stifte
3 Frühlingszwiebeln, feine Ringe
Salz
250 ml Gemüsebrühe

Aus Sojasoße, Ingwer, Chili und Knoblauch eine Soße anrühren, die Tofuwürfel darin 1 Stunde marinieren, abgießen, abtropfen lassen, Marinade auffangen.
In einem großen Topf reichlich Wasser zum Kochen bringen, den ganzen Krautkopf darin ca. 2 Minuten blanchieren. Kraut aus dem Wasser heben, die äußersten 3–4 Blätter vorsichtig ablösen. Die Blätter in kaltem Wasser abschrecken und abtropfen lassen. Krautkopf wieder kurz blanchieren, die nächsten Blätter ablösen und abschrecken. Sie brauchen insgesamt 12 Krautblätter.
In einer kleinen Pfanne 1/2 EL Öl erhitzen, 1/2 EL Sesam und die Tofuwürfel kurz unter Rühren braten, mit der Marinade aufgießen, leicht köcheln, bis die Soße eingekocht ist.
Tofuwürfel mit Sprossen, Karotten, Sellerie, und Frühlingszwiebeln vermischen, mit Salz abschmecken. Auf jedes Krautblatt 1 1/2 EL Füllung geben. Die Krautblätter einschlagen, aufwickeln und mit je 2 Zahnstochern feststecken.
In einer flachen, feuerfesten Auflaufform 2 EL Öl erhitzen. Die Krautwickel eng nebeneinander in die Form legen, kurz auf der Unterseite goldbraun anbraten. Mit dem restlichen Sesam bestreuen.
Mit Gemüsebrühe aufgießen, die Flüssigkeit soll 1 cm hoch in der Form stehen. Die Brühe auf dem Herd zum Kochen bringen. Die Krautwickel im vorgeheizten Ofen bei guter Hitze 20 Minuten backen. Die Krautwickel ab und zu mit Brühe übergießen. Bei Bedarf noch etwas Brühe nachgießen.
Für 4 Personen
Pro Portion: 210 kcal

GRIECHISCHES SPINATGRATIN

Ein Schnellgericht, gekochte Kartoffeln, geschälte Tomaten aus der Dose und ein Paket Tiefkühlspinat.

1 EL Öl
500 g gekochte Kartoffeln, 1/2 cm dicke Scheiben
Salz
Pfeffer
Oregano
70 g Schafskäse (Feta)
200 g geschälte Tomaten aus der Dose, dünne Streifen
2 Knoblauchzehen, fein gehackt
300 g Tiefkühlspinat, angetaut
1 Ei
70 g Sauerrahm
Pfeffer
1 Prise Muskat, gerieben

Eine mittlere Auflaufform mit Öl ausstreichen. Kartoffeln dachziegelartig einschichten, leicht salzen und pfeffern, mit Oregano würzen, die Hälfte Käse fein darüberreiben. Tomatenstreifen und die Hälfte des Knoblauchs darauf verteilen. Das Gratin mit Spinatblättern bedecken, restlichen Käse und Knoblauch darüberstreuen.
Ei mit Sauerrahm verrühren, mit Salz, Pfeffer und Muskat würzen, die Mischung auf das Gratin verteilen.
Das Gratin im vorgeheizten Ofen bei mittlerer Hitze 20 Minuten backen.
Für 4 Personen
Pro Portion: 215 kcal

CHAMPIGNONS MIT TOMATEN ÜBERGBACKEN

1/2 TL Butter
500 g kleine Champignons
2 Tomaten, abgezogen, kleine Würfel, oder geschälte Tomaten aus der Dose
4 Knoblauchzehen, fein gehackt
4 EL Petersilie, fein gehackt
1/4 TL Thymian
1/4 TL Oregano
1/4 TL Basilikum
Pfeffer
Salz
2 Scheiben Weizenvollkornbrot, fein zerkrümelt
50 g Parmesan, fein gerieben
1 EL Olivenöl

Eine flache Auflaufform mit Butter ausstreichen. Die Stiele der Champignons abschneiden, fein hacken und mit Tomaten, Knoblauch, Petersilie, Thymian, Oregano, Basilikum vermischen. Die Soße mit Pfeffer und Salz würzen.

Die Champignonköpfe mit dem Stielansatz nach oben, nebeneinander in die Auflauform setzen. Die Tomatensoße über und zwischen den Pilzen verteilen. Brotkrümel und Parmesan vermischen, über die Pilze streuen, mit Olivenöl beträufeln.

Die Pilze im vorgeheizten Ofen bei mittlerer Hitze 20 Minuten backen.

Für 2–3 Personen

Pro Portion: 235 kcal

GEFÜLLTE ZUCCHINI

800 g kleine Zucchini
1 EL Olivenöl
1 kleine Zwiebel, fein gehackt
4 Knoblauchzehen, fein gehackt
Salz
100 g Parmesan, fein gerieben
2 Scheiben Weizenvollkornbrot, fein zerkrümelt
1 Ei
3 EL Dill, fein gehackt
2 EL Petersilie, fein gehackt
1 TL Minze, fein gehackt, oder eine Prise getrocknete Minze
abgeriebene Schale von 1/4 ungespritzten Zitrone
1 Prise Muskat
1 Prise Piment
Pfeffer

Zucchini waschen und längs halbieren. Mit einem kleinen Löffel das Fruchtfleisch herauskratzen, einen Rand von 3 mm stehen lassen. Das Fruchtfleisch fein hacken. In einer kleinen, schweren Pfanne 1/2 EL Olivenöl erhitzen. Die gehackten Zwiebeln und die Knoblauchzehen unter Rühren goldgelb braten. Das Fruchtfleisch dazugeben, leicht salzen, unter Rühren 5 Minuten braten.

Das Fruchtfleisch in eine Schüssel geben. Mit dem geriebenem Parmesankäse, Brot, Ei, Knoblauch, Dill, Petersilie, Minze, Zitronenschale, Muskat und Piment vermischen. Die Masse mit Salz und Pfeffer abschmecken und in die Zucchinihälften füllen.

Eine große flache Auflaufform mit dem restlichen Öl ausstreichen. Die Zucchini eng nebeneinander in die Form setzen und im vorgeheizten Ofen bei mittlerer Hitze 20 Minuten backen.

Dazu Champignonsoße (S. 81) und Hirse.

Für 4 Personen

Pro Portion: 260 kcal

Backen mit Obst und Gemüse

Muß denn Kuchen Sünde sein?

Die Antwort heißt klar und deutlich: Nein!

Tut mir leid, daß ich Sie so vor den Kopf stoße und mit meinen Rezepten um einen verbotenen Genuß bringe. Ich hoffe, Sie üben Nachsicht, das Leben bietet genug Anlaß zur Sünde, es muß nicht unbedingt der Kuchen sein.

Der Kuchen als Leichtgewicht, schwebt mit einem saftig-fruchtigen Belag auf die Kaffeetafel. Karibischer Ananaskuchen, dunkelblauer Heidelbeerkuchen, Apfel-Feigen-Kuchen.

Früchte sind von Natur aus angenehm süß. Jede Menge Früchtchen auf einem dünn ausgerollten Kuchenboden sparen darum Zucker, der nur leere, überflüssige Kalorien und nichts Nahrhaftes enthält. Es steht auch nirgends geschrieben, zumindest nicht in diesem Buch, daß ein Kuchenguß unbedingt Sahne enthalten muß, damit das Backwerk schmeckt.

Angenehm frischer Joghurt und niedrigprozentiger Sauerrahm im Verbund mit wenig Eiern werden mit Zimt, Zitronenschale, Vanille oder Kardamom aromatisiert. Eine unbeschwerliche Mischung, die sich mit Obst auf das Beste verträgt.

Wenn damit zu rechnen ist, daß sich der nachmittägliche Kaffeeklatsch zu einem gemütlichen, abendlichen Plauderstündchen ausweitet, wird auch ein Gemüsekuchen gebacken, schwäbischer Zwiebelkuchen zum Beispiel schmeckt heiß, lauwarm oder kalt zu einem Gläschen Wein und verhindert, daß auf Grund plötzlicher Entkräftung das anregende Gespräch ins Stocken gerät.

Zum Kuchen gehört der Teig. Ich bevorzuge den robusten Hefeteig, der sich ohne Eier und gar keinem bis wenig Fett zu üppigem, luftigem Volumen aufbläst. Die Horrormeldungen, daß Hefeteig eine problematische Sache und mit höchster Vorsicht anzugehen sei, gehören in das (noch) ungeschriebene Kapitel der Küchenmärchen. Seit ich mit 18 Jahren, in völliger Unkenntnis irgendwelcher Koch- und Backkünste den ersten Hefeteig geknetet habe, ist mir noch jeder gelungen, auch unter den widrigsten Umständen.

Aber nicht nur Vollkornmehl gibt den bekömmlichen Kuchen Halt und Substanz, erstaunlich locker und strahlend gelb gelingt der Karottenkuchen mit gekochter Hirse und für den blitzschnellen, exotischen Aprikosenkuchen wirbeln Grieß, Kokosflocken, Milch und Eier gemeinsam durch das Mixerglas.

TEIG FÜR GEMÜSEQUICHE

500 g Weizenvollkornmehl
(auf feinster Stufe gemahlen)
30 g Hefe
200–250 ml lauwarmes Wasser
1/2 TL Salz

Aus 100 g Mehl, Hefe und 100 ml lauwarmem Wasser einen Vorteig anrühren. Den Vorteig an einem warmen Ort 30 Minuten gehen lassen. Restliches Mehl mit Salz in eine Schüssel geben, in die Mitte eine kleine Mulde drücken, den Vorteig hineinschütten und mit dem Mehl mischen. Während des Knetens das restliche lauwarme Wasser dazugeben, in ca. 15 Minuten einen geschmeidigen Teig kneten. Wenn sich der Teig zu trocken anfühlt, die Hände mit lauwarmem Wasser befeuchten.

Den Teig an einem warmen Ort, mit einem Tuch bedeckt, 1 1/2 bis 2 Stunden gehen lassen. Er soll auf das doppelte Volumen anwachsen. Glückliche Besitzer/innen einer Küchenmaschine mit Knetschüssel schütten Mehl und Wasser in die Schüssel, krümeln die Hefe darüber, salzen und lassen 6 Minuten kneten.

Für 2–3 kleine Quiches
Pro Quiche: 785 kcal

MANGOLDQUICHE

750 g Mangold oder 500 g tiefgekühlter Blattspinat
Salz
1 1/4 EL Butter
1 Zwiebel, fein gehackt
2 Knoblauchzehen, fein gehackt
100 g Sauerrahm (10% Fett)
2 Eier
1 Prise Muskat
Pfeffer
1/2 Rezept Teig für Gemüsequiche oder 1/2 Rezept mürber Hefeteig
40 g Emmentaler, gerieben

Mangold in kochendem Salzwasser einen Moment blanchieren, abgießen, abtropfen lassen, leicht ausdrücken. Mangold in 2 cm breite Streifen schneiden. (Tiefgekühlter Spinat wird nicht blanchiert.)
1 EL Butter in einer Pfanne erhitzen, Zwiebel und Knoblauch glasig dünsten. Mangold dazugeben, leicht salzen, unter Rühren kurz braten, bis sämtliche Flüssigkeit verdampft ist.
Sauerrahm mit Eiern verrühren, mit Mangold vermischen, mit Muskat, Pfeffer und Salz würzen.
Den Teig dünn ausrollen, eine runde Kuchenform mit Butter ausstreichen und mit dem ausgerollten Teig belegen. Die Mangoldmasse in der Form verteilen, mit Emmentaler bestreuen. Die Quiche bei guter Hitze im vorgeheizten Ofen 20 Minuten backen.
Hauptgericht für 4–6 Personen
Pro Portion: 390 kcal
Vorspeise für 8 Personen

SCHWÄBISCHER ZWIEBELKUCHEN

Dazu wird neuer (und alter) Wein getrunken.

1 EL Butter
500 g Zwiebeln, fein gehackt
70 g Joghurt
70 g Sauerrahm (10%)
2 Eier
1 TL Kümmel
1/2 TL Paprika edelsüß
schwarzer Pfeffer
Salz
1/2 Rezept Teig für Gemüsequiche (S. 111)
oder 1/2 Rezept mürber Hefeteig (S. 113)

Butter in einem flachen Topf schmelzen, Zwiebeln dazugeben und in 20 Minuten bei geringer Hitze glasig weich dünsten, ab und zu umrühren. Joghurt und Sauerrahm mit den Eiern verrühren, mit Kümmel, Paprika, Pfeffer und Salz würzen. In einer Schüssel die Eiermischung mit den Zwiebeln verrühren.
Eine Kuchenform (ca. 26 cm Durchmesser) mit Butter ausstreichen, den Teig dünn ausrollen, in die Form legen, einen 2 cm hohen Rand stehen lassen. Die Zwiebelmasse einfüllen, glattstreichen. Den Zwiebelkuchen im vorgeheizten Ofen bei mittlerer Hitze 30 Minuten backen.
Für 4 Personen
Pro Portion: 335 kcal

ZUCCHINIQUICHE

300 g Zucchini, grob gerieben
2 EL Vollkornmehl, fein gemahlen
1/2 Bund Dill, fein gehackt
2 Frühlingszwiebeln, fein gehackt
2 Knoblauchzehen, fein gehackt
1 TL frische Minze, fein gehackt
1 TL Oregano, fein gehackt
1 TL Thymian, fein gehackt
1/2 TL Koriander
30 g Parmesan, gerieben
30 g Schafskäse, fein zerbröselt
2 Eier
2 EL Joghurt
schwarzer Pfeffer
Salz
Butter für die Form
1/2 Rezept Teig für Gemüsequiche (S. 111)
oder 1/2 Rezept mürber Hefeteig (S. 113)

Zucchini mit Mehl, Dill, Frühlingszwiebeln, Knoblauch, Minze, Oregano, Thymian, Koriander, Parmesan und Schafskäse vermischen. Eier mit Joghurt verrühren, kräftig mit Pfeffer und Salz abschmecken. Die Eiermischung unter die Zucchini rühren.
Eine Kuchenform (ca. 26 cm Durchmesser) mit etwas Butter ausstreichen, den Teig dünn ausrollen, in die Form legen, einen 3 cm hohen Rand stehen lassen. Die Zucchinimasse einfüllen und glatt streichen. Die Quiche im vorgeheizten Ofen bei mittlerer Hitze ca. 35 Minuten backen.
Schmeckt auch kalt sehr gut.
Für 4–6 Personen
Pro Portion: 320 kcal
Vorspeise für 8 Personen

MÜRBER HEFETEIG

Ein sehr praktischer Teig, läßt sich salzig und süß weiterverarbeiten und kann sogar über Nacht im Kühlschrank aufbewahrt werden. Mit diesem schnell zubereiteten Teig vom Samstagabend steht dem knusperfrischen Gebäck zum Sonntagsfrühstück nichts mehr im Wege.

300 g fein gemahlenes Weizenvollkornmehl
80 g weiche Butter, kleine Stücke
1/8 l lauwarme Milch
1 TL brauner Zucker
1/4 TL Salz
1 Päckchen Trockenhefe

Die Zutaten in der aufgelisteten Reihenfolge in die Knetschüssel der Küchenmaschine geben. Den Teig auf niederer Stufe 5 Minuten kneten, wenn der Teig zu trocken wird noch etwas lauwarme Milch dazugeben. Den Teig an einem warmen Ort zugedeckt 1 Stunde gehen lassen.
Für 2 Kuchen mit 26 cm Durchmesser/Pro Kuchen: 790 kcal

PARMESANHÖRNCHEN

1/2 Rezept mürber Hefeteig (S. 113)
50 g Parmesan, fein gerieben
2 EL Petersilie, fein gehackt
1/2 TL Korianderkörner
1 Eigelb
1 TL Butter

Teig auf einer leicht bemehlten Fläche 2 mm dünn ausrollen. Dreiecke mit ca. 13 cm Seitenlänge ausschneiden, 40 g Parmesan, Petersilie und wenig Koriander darauf verteilen. Die Dreiecke aufrollen und zu Hörnchen formen.
Die Hörnchen auf ein eingefettetes Backblech setzen, das Eigelb verrühren, damit die Hörnchen bestreichen.
Die Hörnchen mit dem restlichen Parmesan und Koriander bestreuen und im vorgeheizten Ofen bei mittlerer Hitze 20 Minuten backen.
Für 10 Hörnchen
Pro Hörnchen: 115 kcal

SESAM-ZWIEBEL-HÖRNCHEN

1 EL ungeschälter Sesam
1 EL Öl
1 Zwiebel, fein gehackt
1/2 EL Sojasoße
Salz
1 Prise Chili
1/2 Rezept mürber Hefeteig (siehe links)
1 Eigelb

In einer kleinen, trockenen Pfanne den Sesam unter Rühren erhitzen, bis die Körnchen anfangen hochzuspringen. Sofort vom Feuer nehmen.
Öl erhitzen, die Zwiebeln unter Rühren goldbraun braten. Zwiebeln mit Sojasoße ablöschen, mit Salz und Chili würzen. Kurz weiterrühren, bis die Sojasoße eingekocht ist.
Teig auf einer leicht bemehlten Fläche 2 mm dünn ausrollen. Dreiecke mit ca. 13 cm Seitenlänge ausschneiden, Sesam und Zwiebeln darauf verteilen. Die Dreiecke aufrollen und zu Hörnchen formen.
Die Hörnchen auf ein eingefettetes Backblech setzen, Eigelb verrühren, damit die Hörnchen bestreichen.
Die Hörnchen bei mittlerer Hitze 20 Minuten backen.
Für 10 Hörnchen
Pro Hörnchen: 115 kcal

APFEL-FEIGEN-KUCHEN

1/2 Rezept mürber Hefeteig (S. 113)
1/2 TL Butter
500 g säuerliche Äpfel, geschält, kleine Schnitze
7 getrocknete Feigen, kleine Stücke
2 EL Mandelsplitter
1/2 EL brauner Zucker
150 g Joghurt
2 Eier
2 Päckchen Naturvanillezucker
abgeriebene Schale von einer halben ungespritzten Zitrone
1 gute Prise Kardamom

Teig dünn ausrollen und eine mit Butter eingefettete, runde Kuchenform mit ca. 26 cm Durchmesser damit auslegen. Teigrand 3 cm hoch stehen lassen.
Den Kuchenboden eng mit Apfelschnitzen belegen, die Feigenstückchen, Mandelsplitter und braunen Zucker darüber streuen. Joghurt mit Eiern, Vanillezucker, Zitronenschale und Kardamom verrühren, über die Äpfel gießen.
Den Kuchen im vorgeheizten Ofen bei mittlerer Hitze 35–40 Minuten backen.
Für 12 Stücke
Pro Stück: 135 kcal

ZWETSCHENKUCHEN

1/2 TL Butter
1/2 Rezept mürber Hefeteig (S. 116)
1 EL Semmelbrösel
500g Zwetschen, entkernt, halbiert
1/4 TL Zimt
1 EL brauner Zucker

Eine kleine Kuchenform mit der Butter dünn ausstreichen. Teig dünn ausrollen und in die Kuchenform legen. Den Kuchenboden mit Semmelbröseln bestreuen und mit den Zwetschen belegen. Zwetschen mit Zimt würzen. Den Kuchen im vorgeheizten Ofen bei guter Hitze (225 °C) 20–25 Minuten backen. Kuchen auf einem Kuchengitter auskühlen lassen. Erst kurz vor dem Servieren mit Zucker bestreuen, da die Zwetschen sonst Wasser ziehen.
Zum Kuchen statt Schlagsahne Vanillecreme (S. 121) reichen.
12 Stücke
Pro Stück: 105 kcal

KOKOS-GRIESS-KUCHEN MIT APRIKOSEN

250 g getrocknete Aprikosen, ungeschwefelt
1/2 TL Butter
ca. 300 ml Milch
60 g Kokosflocken, ungesüßt
80 g Weizenvollkorngrieß
2 EL brauner Zucker
abgeriebene Schale von 1/2 ungespritzten Zitrone
1 Prise Zimt
1 Prise Piment
2 Eier

Aprikosen mit 250 ml kochendem Wasser übergießen und 2 Stunden einweichen lassen. Aprikosen abgießen, abtropfen lassen, Einweichwasser auffangen, Aprikosen halbieren, entkernen.
Eine große, flache Auflaufform mit der Butter ausstreichen. Aprikosen in einer Schicht auf den Boden der Form legen. Das Einweichwasser mit Milch auf 350 ml auffüllen. Kokosflocken, Grieß, Zucker, Zitronenschale, Zimt, Piment, Eigelb und die Aprikosenmilch im Mixer pürieren.
Das Eiweiß steif schlagen, unter die sehr flüssige Grießmasse heben. Die Masse über die Aprikosen gießen und im vorgeheizten Ofen bei mittlerer Hitze 20 Minuten backen.
Schmeckt kalt und warm.
Soll das Dessert besonders luxuriös sein (ohne viel Mehrarbeit), dann reichen Sie zum heißen Kuchen kühle Himbeersoße (S. 125) und Vanillecreme (S. 121).
Für 12 Stücke
Pro Stück: 280 kcal

KAROTTEN-HIRSE-KUCHEN

(Foto Seite 115)

Ein strahlend gelber Kuchen leuchtet auf der Kaffeetafel.

250 ml Hirse
500 ml Milch
abgeriebene Schale von 1 ungespritzten Zitrone
1 Nelke
2 EL brauner Zucker
400 g Karotten, fein gerieben
2 TL Ingwer, fein gerieben
1 EL Zitronensaft
3 Eier
150 g Joghurt
1 TL Butter

Hirse mit Milch, Zitronenschale, Nelke und Zucker zum Kochen bringen, zugedeckt 3 Minuten leicht köcheln und im vorgeheizten Backofen bei geringer Hitze 15–20 Minuten ausquellen lassen, Nelke entfernen.
In einer Schüssel die Hirse mit Karotten, Ingwer und Zitronensaft gut vermischen. Eigelb mit Joghurt verrühren, unter die Hirse mischen. Eischnee steif schlagen, unter die Kuchenmasse heben.
Eine Kuchenform (ca. 26 cm) mit Butter ausstreichen, Kuchenmasse einfüllen, glattstreichen und im vorgeheizten Ofen bei milder Hitze ca. 45 Minuten backen. Den Kuchen stürzen und auf einem Kuchengitter auskühlen lassen.
Für 12 Stücke
Pro Portion: 280 kcal

Karotten-Hirse-Kuchen (Rezept siehe oben) mit Vanillecreme (Rezept Seite 121) und Himbeersoße (Rezept Seite 125)

KIRSCHKUCHEN MIT ZARTEM GRIESSGUSS

400 ml Milch
1 gute Prise Zimt
abgeriebene Schale von
1/4 ungespritzten Zitrone
1 1/2 EL brauner Zucker
50 g Vollkorngrieß
1/2 TL Butter
1/2 Rezept mürber Hefeteig (S. 113)
2 EL Semmelbrösel
2 EL Sauerrahm
2 Eier
500 g Kirschen (auch eingekochte, gut abgetropfte Kirschen)

In einem kleinen Topf die Milch mit Zimt, Zitronenschale und braunem Zucker zum Kochen bringen. Den Grieß einrühren, unter Rühren in ca. 5 Minuten einen Brei kochen. Den Brei leicht abkühlen lassen.
Eine Kuchenform (26 cm Durchmesser) mit der Butter ausstreichen, Teig dünn ausrollen und in die Kuchenform legen.
Der Teigrand soll ca. 3 cm hochstehen. Den Kuchenboden mit Semmelbröseln bestreuen. Grießbrei mit Sauerrahm und Eigelb glatt rühren, die Kirschen untermischen. Kirschen nicht entkernen! Das Eiweiß sehr steif schlagen und unterheben. Die Kirschmasse in die Form gießen.
Den Kuchen im vorgeheizten Ofen bei mittlerer Hitze 40–45 Minuten backen.
Für 12 Stücke
Pro Portion: 225 kcal

PFIRSICH-REISAUFLAUF

Ein warmes, süßes Hauptgericht, das ein fester Bestandteil Ihres Speisezettels werden könnte.

250 ml Naturreis
250 ml Milch
125 ml Wasser
3 EL brauner Zucker
150 g Joghurt
1 Ei
1 Päckchen Naturvanillezucker
abgeriebene Schale von
1/2 ungespritzten Zitrone
1/4 TL Zimt
1/2 TL Butter
500 g ungezuckerte Pfirsiche aus der Dose, in Viertel geschnitten, oder frische abgezogene Pfirsiche

Reis mit Milch, Wasser und 1 EL Zucker in den ungelochten Einsatz des Schnellkochtopfs geben. Den Reis unter Druck 20 Minuten kochen.
Joghurt mit Ei, Vanillezucker, Zitronenschale, Zimt und dem restlichen Zucker verrühren. In einer Schüssel den Reis mit der Joghurtsoße vermischen.
Eine Auflaufform mit Butter ausstreichen. Eine Schicht Reis auf den Boden streichen. Eine Lage Pfirsiche auf den Reis geben. Den Rest Reis auf den Pfirsichen verteilen, übrige Pfirsiche blütenförmig auf den Reis legen. Den Auflauf gut verschlossen im vorgeheizten Ofen bei mittlerer Hitze ca. 45 Minuten zugedeckt backen. Der Reis soll alle Flüssigkeit aufgesaugt haben.
Für 4 Personen
Pro Portion: 410 kcal
Dessert für 8 Personen

MÜRBETEIG

Einfach und schnell zubereitet.

250 g Vollkornmehl, auf feinster Stufe gemahlen
60 g kalte Butter
2 Eier
2 EL brauner Zucker
1 Msp. Backpulver
Salz

Die Zutaten müssen sehr schnell verarbeitet werden. Mehl auf ein großes Brett schütten. Die Butter auf dem Mehl mit einem Messer in Stücke hacken und mit dem Mehl vermischen.
Die Mehlmischung in eine Schüssel geben, mit den restlichen Zutaten rasch zu einem festen Teig kneten. Eine Kugel formen, Teig in einen Plastikbeutel geben und 1 Stunde im Kühlschrank ruhen lassen.
Teig für 1 Kuchen.
Für 12 Stücke
Pro Stück: 130 kcal

ANANASKUCHEN »JAMAICA«

500 g Ananas,
1 cm dicke, kleine Stücke
3 EL brauner Zucker
1 gute Prise Zimt
2 EL Rum
1/2 EL Speisestärke
1 Rezept Mürbeteig (S. 116)
1/2 EL Butter
1 EL Semmelbrösel
100 g Joghurt
2 Eiweiß

Ananas, Zucker und Zimt mit 200 ml Wasser in einem kleinen Topf zum Kochen bringen, 5 Minuten im offenen Topf köcheln, gegen Ende der Kochzeit den Rum dazugeben. Die Ananasstücke in einem Sieb abtropfen lassen, Kochflüssigkeit auffangen, zurück in den Topf geben, zum Kochen bringen. Speisestärke mit 2 EL kaltem Wasser glatt rühren, in die kochende Flüssigkeit rühren, eindicken lassen und mit den Ananasstücken vermischen. Die Früchte etwas auskühlen lassen.
Eine Kuchenform (ca. 26 cm Durchmesser) mit Butter ausstreichen.
Da der Mürbeteig leicht bröselig ist, wird er nicht ausgerollt, sondern in 5 mm dicke Scheiben geschnitten. Mit den Teigscheiben die Kuchenform auslegen. Die Teigscheiben mit der Hand flach drücken und miteinander verbinden. Einen Rand von ca. 1,5 cm stehen lassen. Den Kuchenboden mit Semmelbrösel bestreuen, die Ananasstückchen in einer Schicht einfüllen. Den Kuchen im vorgeheizten Ofen bei mittlerer Hitze 20 Minuten backen. Joghurt mit 1 EL Zucker und dem Eiweiß verrühren, über dem Kuchen verteilen. Weitere 20 Minuten backen und auf einem Kuchengitter auskühlen lassen.
Für 12 Stücke
Pro Stück: 190 kcal

HEIDELBEERKUCHEN

1/2 TL Butter
1/2 Rezept mürber Hefeteig (S. 113)
oder 1 Rezept Mürbeteig (S. 116)
2 EL Vollkornsemmelbrösel
30 g geriebene Haselnüsse
1 Prise Zimt
100 g Sauerrahm (10%)
2 Eier
1 EL brauner Zucker
500 g Heidelbeeren
(auch tiefgefroren)

Eine runde Kuchenform (26 cm Durchmesser) mit Butter ausstreichen. Den Teig dünn ausrollen, in die Form legen. Der Teigrand soll ca. 3 cm hoch stehen. Den Boden mit Semmelbrösel und geriebenen Haselnüssen bestreuen, mit Zimt würzen.
Sauerrahm mit Eigelb und Zucker glatt rühren und die Heidelbeeren einrühren. Das Eiweiß sehr steif schlagen und vorsichtig unterheben. Die Beerenmasse in die Kuchenform gießen. Den Heidelbeerkuchen bei mittlerer Hitze 40–45 Minuten backen.
Den Kuchen sofort auf ein Kuchengitter zum Auskühlen geben. Da die Füllung erst beim Erkalten ganz fest wird, besteht sonst die Gefahr, daß der Boden aufweicht.
Für 12 Stücke
Pro Stück: 225 kcal

KÄSEKUCHEN MIT PFIRSICHEN

150g Joghurt
150g Magerquark
2 Eier
1 EL Speisestärke
1 Päckchen Naturvanillezucker
2 EL Honig
abgeriebene Schale von
1/2 unbehandelten Zitrone
1/2 TL Butter
1/2 Rezept Mürbeteig (S. 116)
1 EL Semmelbrösel
500g Pfirsiche große Schnitze, oder
ungezuckerte Pfirsiche aus der Dose

Joghurt, Quark, Eier, Speisestärke, Vanillezucker, Honig und abgeriebene Zitronenschale mit dem Handrührgerät glatt rühren. Eine kleine Kuchenform mit Butter ausstreichen. Den Teig dünn ausrollen und in die Form legen, einen 2 cm hohen Rand stehen lassen. Den Teig mit Semmelbröseln bestreuen. Die Pfirsiche auf den Kuchenboden legen, die Flüssigkeit über die Pfirsiche gießen. Den Kuchen im vorgeheizten Ofen bei milder Hitze (170 °C) 45–50 Minuten backen. Kuchen zum Auskühlen auf ein Kuchengitter geben.
Für 12 Stücke
Pro Stück: 250 kcal

Desserts

Süße Früchtchen

Viele unbescholtene Bürger, sogar deren unschuldige Kinder sind einem gefährlichen Laster in die Fänge geraten – der Gier nach dem Süßen. In regelmäßigen Abständen werden sie von unkontrollierbaren Kräften überwältigt und in die nächste Konditorei verschleppt. Dort müssen sie Sahnetorten, Eisbecher und Cremeschnitten in sich hineinschlingen, bis die Attacke mangels Fassungsvermögen gestoppt wird.

Dieses Phänomen kann rein körperlich durch eine Ernährung ausgelöst werden, die zuviel Eiweiß, vor allem wegen eines übermäßigen Fleischkonsums, und zu wenig Kohlenhydrate in Form von Vollkornprodukten und Hülsenfrüchten enthält. Erschwerend kommt dazu, daß der unstillbare Süßhunger oft das dicke Ende eines einseitigen, strengen Diätverhaltens ist.

Sämtliche Energie wird verbissen auf das Abnehmen konzentriert. Sogar das kleinste Eis am Stiel gerät zur unverzeihlichen Sünde. Endlos kann auch der stärkste Charakter diesen Streß nicht aushalten, vor allem bei ständig knurrendem Magen, irgendwann in einem schwachen Moment brechen sämtliche Kontrollen zusammen, und der erste (von vielen) Schokoriegeln wird geknackt.

Besonders tragisch für den schuldbewußten Diät-Brecher, mit Pralinés, Cremedesserts und Eis wird nicht nur der heißbegehrte Zucker verschlungen, sondern vor allem riesige Fettmengen, die sichtbare Spuren hinterlassen.

Die einzige, erfolgversprechende Art mit dem belastenden Süßhunger, der das Eßverhalten dominieren will, fertig zu werden, ist – so absurd es klingen mag –, ihm nachzugeben und sich die süßen Genüsse nicht länger zu verbieten.

Selbstverständlich nicht, ohne ihm gleichzeitig schadenfroh ein schlankes Schnippchen zu schlagen.

Statt der schweren, traditionellen Süßspeisen gibt es satte Mengen fruchtiger Desserts mit wenig bis gar keinem Fett, dafür aber mit reichlich anregenden Vitaminen.

Natürlich süß sind reife Pfirsiche, Aprikosen, Erdbeeren, Mangos, Äpfel, Birnen und Zwetschen, da senkt sich der Zuckerverbrauch ganz von allein, und die überstrapazierten Geschmacksnerven können sich wieder an leichte Speisen gewöhnen, die ein breites Spektrum an Aromen bieten.

Die erfolgreiche Umorientierung des Geschmacks von industriell-fett-süß auf natürlich-schlank-süß ist die wesentliche Voraussetzung dafür, daß der Appetit auf Leckereien nicht die Pfunde wachsen läßt. Aus diesem Grund sei auch davon abgeraten, viel Süßstoff statt wenig Zucker zu verwenden, um ein paar Kalorien zu sparen. Jemand, der durch künstlichen Süßstoff an einen starken Süßgeschmack gewöhnt ist, wird immer wieder, packt ihn die Lust, stark süße und gleichzeitig fette Goodies wählen.

Künstlicher Süßstoff konserviert die Fixierung der Geschmacksnerven auf Übersüßtes und verhindert das Umsteigen auf die natürlich süßen, kalorienarmen Genüsse. Die gleiche unbefriedigende Umkehrwirkung zeigen auch Light-Produkte. Trotzdem ist es keine Katastrophe, wenn Sie bei einer Geburtstagsfeier mit Wonne ein Stück Sahnetorte verspeisen. Kein Grund für Selbstvorwürfe, Sie haben die Lage im Griff, am nächsten Tag gibt es zum Ausgleich üppig Salat aus Trauben, Melonen und Pfirsichen.

Salat von Trauben, Melonen und Pfirsichen mit orientalischer Soße **(Rezept Seite 120)**

EXOTISCHER OBSTSALAT MIT FRISCHEN DATTELN

1 Orange, kleine Stücke
1 Mango, kleine Stücke
1 Banane, Scheiben
1 Kiwi, dünne Scheiben
100 g Ananas, kleine Stücke
8 Datteln, feine Streifen
2 EL Mandelsplitter
Saft von 1 Orange
2 EL Zitronensaft
1 EL Honig

Die kleingeschnittenen Früchte, Datteln und Mandelsplitter in eine Schüssel geben. Orangen- und Zitronensaft mit Honig verrühren und mit den Früchten vermischen.
Für 4 Personen
Pro Portion: 200 kcal

ERDBEER-ORANGEN-SALAT

Ein Winterdessert aus gefrorenen Erdbeeren.

250 g Erdbeeren
1/2 EL Honig
1 TL Cognac
2 Orangen

Die Erdbeeren in einer Schüssel auftauen lassen, in ein Sieb geben, Erdbeersaft auffangen.
Früchte halbieren, den Erdbeersaft mit Honig, Cognac und dem Saft einer halben Orange vermischen. Die restlichen Orangen schälen, in dünne Scheiben schneiden und mit den Erdbeeren und der Fruchtsoße vermischen.
Für 2 Personen
Pro Portion: 100 kcal

SALAT VON TRAUBEN, MELONEN UND PFIRSICHEN MIT ORIENTALISCHER SOSSE

(Foto Seite 119)

Auch optisch eine runde Sache wird der Salat, sticht man Melonenbällchen mit einem Formmesser aus.

300 g blaue Trauben
400 g Zuckermelone, kleine Stücke
2 Pfirsiche, kleine Stücke
Saft von 1 Orange
Saft von 1 Zitrone
1 1/2 EL brauner Zucker
1 Prise Zimt
1 Prise Naturvanille
1 Prise Kardamom
1 EL Kürbiskerne

Trauben, Melonen- und Pfirsichstücke in eine Schüssel geben. Orangen- und Zitronensaft mit Zucker, Zimt, Vanille und Kardamom verrühren. Die Früchte mit der Soße vermischen, den Obstsalat einige Zeit durchziehen lassen.
Kürbiskerne in einer trockenen Pfanne kurz unter Rühren anrösten. Den Salat mit Kürbiskernen bestreut servieren.
Für 4 Personen
Pro Portion: 155 kcal

SALAT VON ZWETSCHEN, MANDARINEN UND BANANEN

Eine reizvolle Mischung aus dem Kompott der getrockneten Zwetschen und frischen Mandarinen.

200 g Zwetschenkompott (S. 122)
4 Mandarinen, Schnitze längs halbiert
1 Banane, dünne Scheiben
Saft von 2 Orangen
1 EL Cognac
1 Prise Zimt

Zwetschen abtropfen lassen, Soße auffangen.
Früchte in eine Schüssel geben. Aus Orangensaft, Cognac, 4 EL Kompottsoße und Zimt eine Soße anrühren und mit den Früchten vermischen.
Für 4 Personen
Pro Portion: 120 kcal

TIEFGEFRORENE BEEREN

sorgen für Abwechslung auf dem Dessertteller. Die praktischen Früchtchen, sie müssen einfach nur aus der Packung in die Schüssel geschüttet werden, enthalten durch den Kälteschock noch die meisten Sommer-Sonnen-Vitamine.

Ein Tip zum Einkauf:
Schütteln Sie die Beerenpackung, Sie müssen die einzelnen Beeren in der Packung kullern hören. Es ist ein Zeichen für unsachgemäße Lagerung, wenn die Beeren zu einem Block zusammengefroren sind.

APRIKOSEN-JOGHURTCREME

Hausgemachter Joghurt-Frischkäse ist auch die cremige Basis fruchtiger Desserts.
Auf die gleiche Weise wird Himbeer-Joghurtcreme zubereitet.

300 g Aprikosen
1 EL brauner Zucker
400 g Joghurtfrischkäse (S. 43)

Die Hälfte der Aprikosen in feine Schnitze schneiden. Den Rest der Aprikosen in Stücke schneiden und im Mixer auf höchster Stufe mit dem Zucker pürieren.
Das Aprikosenpüree mit Frischkäse verrühren, die Aprikosenschnitze untermischen.
Für 4 Personen
Pro Portion: 175 kcal

ERDBEERCREME

(Foto Seite 14)

500 g Erdbeeren (auch tiefgekühlte, aufgetaute)
60 g Sauerrahm
2 EL Honig

300 g Erdbeeren im Mixer pürieren, durch ein Sieb streichen, mit Sauerrahm und Honig glatt rühren.
Die restlichen Erdbeeren vierteln, unter die Creme rühren.
Ein farbenfrohes und einfaches Dessert: abwechselnd Erdbeercreme und Mangosoße (S. 121) in hohe Gläser füllen.
Für 4 Personen
Pro Portion: 90 kcal

MANGOSOSSE

Zu Obstsalaten, Vanillecreme, aber auch zu heißen Fruchtigkeiten, wie dem Apfelgratin mit Bananencreme (S. 124)

2 große, reife Mangos, Stücke
Saft von 2 Orangen
1 TL Zitronensaft
1 EL Honig

Alle Zutaten im Mixer pürieren, die Soße durch ein Sieb streichen.
Für 4 Personen
Pro Portion: 90 kcal

VANILLECREME

Eine Allround-Soße, die zu allem Süßen schmeckt. Vermischt mit Beeren ein perfektes Dessert für den Sommer, zu Obstsalaten, Kuchen, Kompott und Bratäpfeln.

2 Päckchen Naturvanillezucker oder 3 Vanillestangen
250 g Sauerrahm, 10% Fett
150 g Joghurt
$1/2$ – $1\,1/2$ EL Honig

Vanillestangen mit einem scharfen Messer längs halbieren, das Mark herauskratzen.
Vanille, Sauerrahm, Joghurt und Honig mit dem Handmix-Gerät schaumig rühren.
Die Honigmenge ist davon abhängig, ob Sie Vanillemark oder Zukker verwenden. Bei Vanillemark $1\,1/2$ EL, bei Vanillezucker $1/2$ EL Honig.
Für 4 Personen
Pro Portion: 130 kcal

HIMBEERWÜRFEL

Tiefrote Himbeerwürfel werden mit strahlend gelber Mangocreme serviert.

1 kg Himbeeren, auch tiefgekühlt
2 TL Agar Agar
3–4 EL Honig

Himbeeren im Mixer pürieren und durch ein Sieb streichen. Agar Agar mit 3 EL kaltem Wasser glatt rühren. In einem kleinen Topf Himbeeren mit Honig verrühren, die Flüssigkeit zum Kochen bringen. Agar Agar mit dem Schneebesen einrühren, kurz aufkochen. Die Flüssigkeit in eine kalt ausgespülte, abgetrocknete Form gießen. Etwas abkühlen lassen, dann 2 Stunden zugedeckt im Kühlschrank festwerden lassen.
Das Himbeergelee auf einen Teller stürzen, in Würfel schneiden.
Für 4–6 Personen
Pro Portion: 150 kcal

AGAR AGAR

ein vitamin- und mineralstoffreiches Geliermittel, das aus Algen hergestellt wird. Mit Agar Agar, das eine starke Gelierkraft besitzt, lassen sich Puddings und attraktive Fruchtgelees schnell und unproblematisch zubereiten. Am einfachsten läßt sich Agar Agar in Pulverform verarbeiten.

WINTER-FRUCHTTELLER

2 Orangen, dünne Scheiben
1 Banane, dünne Scheiben
8 gekochte Zwetschen, in Streifen geschnitten
8 EL Soße vom Zwetschenkompott
1 Rezept Vanillecreme (S. 121)
1 EL Pistazien, fein gehackt

Orangenscheiben, Bananen und Zwetschen halbkreisförmig auf Desserttellern anrichten.
Je 2 EL Kompottsoße auf die leere Tellerhälfte geben, darauf einige Löffel Vanillecreme. Die Vanillecreme mit Pistazien garnieren.
Für 4 Personen
Pro Portion: 335 kcal

KOMPOTT VON GETROCKNETEN ZWETSCHEN

250 g getrocknete, ungeschwefelte Zwetschen
2 EL brauner Zucker
1 ungespritzte Orange
1 ungespritzte Zitrone
3 EL Rum

Zwetschen mit 500 ml kochendem Wasser übergießen und 2 Stunden einweichen lassen. Die Zwetschen im Einweichwasser mit Zucker und der hauchdünn abgeschnittenen Schale von 1/2 Orange und 1/4 Zitrone zum Kochen bringen. Zugedeckt 1/2 Stunde leicht köcheln. Rum dazugeben, bei geöffnetem Topf die Fruchtsoße leicht einkochen lassen.
Vom Feuer nehmen, das Kompott mit dem Saft der Orange und 1/2 EL Zitronensaft vermischen. Abkühlen lassen. Schmeckt besonders gut, wenn es im Kühlschrank einen Tag durchzieht.
Reizvoll und sehr professionell wirkt es, wenn Sie das Zwetschenkompott in Verbindung mit frischem Obst als dekorative Fruchtkomposition servieren.
Für 4 Personen
Pro Portion: 230 kcal

INDISCHES APFELMUS

Die Idee zu diesem Dessert lieferte das Apfelchutney mit Datteln und Walnüssen (S. 92), es schmeckte den Testessern so gut, daß auch die rein süße Variante als Dessert zubereitet werden mußte – so entstehen Kochbücher!

600 g säuerliche Äpfel, kleine Würfel
Saft von 1 Zitrone
Saft von 2 Orangen
abgeriebene Schale von einer ungespritzten Zitrone
3–4 EL brauner Zucker
1 Stange Zimt
1/4 TL Kardamom
Salz
12 getrocknete Datteln, feine Streifen
50 g Walnüsse, längs in Achtel geschnitten

Äpfel, Zitronen- und Orangensaft, Zitronenschale, Zucker, Gewürze in einen kleinen Topf geben, gut vermischen und im offenen Topf in 10 Minuten zu einem dicken Mus einkochen. Vom Feuer nehmen, Datteln und Walnüsse unterrühren, erkalten lassen.
Für 4 Personen
Pro Portion: 315 kcal

FEIGEN IN ROTWEIN

500 g getrocknete, naturbelassene Feigen
250 ml Rotwein
Schale von 1/2 ungespritzten Orange oder Zitrone
2 EL Honig
150 ml Orangensaft
1 EL Zitronensaft

Feigen, Rotwein, 250 ml Wasser, Orangenschale und Honig in einen kleinen Topf geben. Zugedeckt 45 Minuten leicht köcheln.
Vom Feuer nehmen und mit Orangensaft und Zitronensaft vermischen. Gut gekühlt mit Vanillecreme servieren.
Hält sich im Kühlschrank einige Tage.
Für 8 Personen
Pro Portion: 200 kcal

TROCKENFRÜCHTE

enthalten viele Vitamine und Mineralstoffe und sind nur beim Einkauf trocken und hart. Kurz eingeweicht und in aromatischer Flüssigkeit geköchelt überzeugen sie als winterliches Kompott, besonders in Verbindung mit frischen Früchten.

Wichtig: Kaufen Sie nur ungeschwefelte Trockenfrüchte

Pflaumengratin
(Rezept Seite 125)

RHABARBER-ERDBEER-KOMPOTT

Eine angenehme Mischung.

500 g Rhabarber, geschält, 1,5 cm breite Stücke
250 ml Wasser
3 EL Honig
500 g Erdbeeren, geviertelt

Rhabarber mit Wasser und Honig zum Kochen bringen, zugedeckt 5 Minuten leicht köcheln, der Rhabarber soll anfangen zu zerfallen. Erdbeeren unterrühren und das Kompott noch 3 Minuten zugedeckt köcheln.
Gut gekühlt servieren.
Für 4 Personen
Pro Portion: 110 kcal

ANANAS-APRIKOSEN-KOMPOTT

500 g Ananas, mundgerechte Stücke
150 getrocknete, ungeschwefelte Aprikosen, kleine Stücke
3 EL brauner Zucker
abgeriebene Schale von 1/4 ungespritzten Zitrone

Alle Zutaten mit 600 ml Wasser in einen Topf geben. Zugedeckt 20 Minuten leicht kochen, ab und zu umrühren. Die Aprikosen sollen etwas zerfallen und das Kompott sämig machen. Bei Bedarf noch wenig Wasser nachgießen.
Das Kompott abkühlen lassen, in großen Gläsern anrichten, mit Vanillecreme (S. 121) krönen.
Für 4–6 Personen
Pro Portion: 215 kcal

GRIESSPUDDING MIT PFIRSICHEN UND ERDBEERSOSSE

400 g Pfirsiche, halbiert, auch ungezuckerte Pfirsiche aus der Dose
1 TL Agar Agar
1 Vanillestange
500 ml Milch
3 EL Honig
1/4 TL Zimt
1 Prise Kardamom
70 g feiner Vollkorngrieß
100 g Joghurt
250 g Erdbeeren, auch tiefgefroren

Eine flache, runde Form kalt ausspülen und abtrocknen. Den Boden der Form mit den Pfirsichhälften (Schnittflächen nach oben) bedecken. Agar Agar mit 3 EL kaltem Wasser verrühren. Vanillestange längs halbieren, das Vanillemark mit einem kleinen Messer herauskratzen. Die Milch mit 2 EL Honig, Zimt, Kardamom und Vanille zum Kochen bringen. Grieß mit dem Schneebesen einrühren, unter Rühren in 3 Minuten einen Grießbrei kochen.
Aufgelöstes Agar Agar unterrühren, die Masse nochmals kurz aufkochen, vom Feuer nehmen, Joghurt mit dem Schneebesen einrühren, den Pudding über den Pfirsichen verteilen, etwas abkühlen lassen, dann den Pudding 2 Stunden im Kühlschrank zugedeckt festwerden lassen. Für die Erdbeersoße die Beeren mit 1 EL Honig im Mixer pürieren. Den Pudding auf eine Platte stürzen, Erdbeersoße dazureichen.
Für 4–6 Personen
Pro Portion: 260 kcal

APFELGRATIN MIT BANANENCREME

1/2 TL Butter
300 g säuerliche Äpfel, kleine Schnitze
1 EL Zucker
2 EL Mandelsplitter
2 EL Rum
1 reife Banane
30 g Sauerrahm (10% Fett)
1 Ei
1/2 EL Zitronensaft
1 Päckchen Naturvanillezucker
1 Prise Zimt

Eine flache Auflaufform mit Butter ausstreichen, die Apfelschnitze eng nebeneinander hineinlegen. Äpfel mit Zucker und Mandelsplittern bestreuen, mit Rum beträufeln. Die Banane mit der Gabel zerdrücken, mit Sauerrahm, Ei, Zitronensaft, Naturvanillezucker und Zimt verrühren. Die Soße über die Äpfel gießen.
Das Gratin im vorgeheizten Ofen bei mittlerer Hitze 15–18 Minuten backen.
Dazu Himbeersoße (S. 125).
Für 2–3 Personen
Pro Portion: 240 kcal

HIMBEERSOSSE

250 g Himbeeren, auch tiefgekühlte
Saft von 1/2 Orange
1 EL Honig

Himbeeren mit Orangensaft und Honig im Mixer pürieren, durch ein Sieb streichen.
Für 2–3 Personen
Pro Portion: 45 kcal

PFLAUMENGRATIN

(Foto Seite 123)

1/2 TL Butter
500 g Pflaumen, halbiert
2 EL brauner Zucker
50 g Sauerrahm
100 g Joghurt
2 Eier
abgeriebene Schale von 1/4 ungespritzten Zitrone
1 gute Prise Zimt
1 Prise Kardamom
1 Prise Muskat

Eine flache Auflaufform mit Butter ausstreichen, die Pflaumenhälften kreisförmig eng nebeneinander legen. Zucker, Joghurt, Sauerrahm, Eier, Zitronenschale, Zimt, Kardamom und Muskat verrühren. Die Soße über die Pflaumen gießen.
Das Gratin im vorgeheizten Ofen bei mittlerer Hitze 15–18 Minuten backen.
Schmeckt auch gut mit Pfirsichen.
Für 4 Personen
Pro Portion: 175 kcal

ANANAS-KOKOS-SORBET

100 g Kokosflocken
200 ml Wasser
700 g Ananas, Stücke
3 EL Zucker
abgeriebene Schale von 1/2 ungespritzten Zitrone

Kokosflocken mit Wasser zum Kochen bringen, im Mixer pürieren, durch ein Sieb streichen und die Kokosflocken gut ausdrücken. Kokosmilch auffangen.
Kokosmilch mit Ananas, Zucker und Zitronenschale im Mixer auf hoher Stufe fein pürieren. Das Ananaspüree durch ein Sieb streichen (oder mit der Flotten Lotte durchpassieren).
Ananas-Kokos-Püree im Tiefkühlfach zugedeckt ca. 2 Stunden gefrieren lassen. Ab und zu kräftig umrühren.
Für 4 Personen
Pro Portion: 255 kcal

MANGO-ZIMT-SORBET

700 g reife Mango, Stücke
100 ml Orangensaft
1 Prise Zimt
abgeriebene Schale von 1/4 ungespritzten Zitrone
2 EL brauner Zucker

Mango mit Orangensaft, Zimt, Zitronenschale und Zucker im Mixer pürieren, durch ein Sieb steichen. Das Püree zugedeckt im Tiefkühlfach ca. 2 Stunden gefrieren lassen. Ab und zu kräftig umrühren.
Für 4 Personen
Pro Portion: 140 kcal

PFIRSICH-JOGHURT-EIS

500 g Pfirsiche, halbiert
200 g Joghurt
1–2 EL Honig
1 Päckchen Naturvanillezucker
abgeriebene Schale von 1/4 ungespritzten Zitrone

Pfirsiche im Mixer pürieren, durch ein Sieb streichen. Mit Joghurt, Honig, Vanillezucker und Zitronenschale mischen.
Die Masse im Tiefkühlfach 2 Stunden gefrieren lassen. Ab und zu kräftig umrühren.
Auch Erdbeeren, Pfirsiche und Himbeeren werden so schnell zu Eis verarbeitet.
Für 4 Personen
Pro Portion: 100 kcal

Rezeptregister

AUSGEWÄHLTE LITERATUR

Chang-Claude, Jenny; Rainer Frentzel-Beyme; Ursula Eilber:
Vegetarierstudie des Deutschen Krebsforschungszentrums.
Heidelberg 1991

Ernährungsbericht 1992.
Deutsche Gesellschaft für Ernährung e.V., Frankfurt am Main

Hopfenzitz, Petra:
GU Kompass Mineralstoffe.
Gräfe und Unzer, München 1992

Koerber, Karl von; Thomas Männle & Claus Leitzmann:
Vollwert-Ernährung.
Grundlagen einer vernünftigen Ernährungsweise.
Haug Verlag, Heidelberg 1989

Pudel, Volker & Joachim Westenhöfer:
Ernährungspsychologie.
Hofgrebe, Verlag für Psychologie, Göttingen 1991

Richtig Essen.
Eine Anleitung zur vollwertigen Kost nach den Richtlinien der Deutschen Gesellschaft für Ernährung.
Frankfurt 1990

Rottka, H. & E. Hermann-Kunz:
Berliner Vegetarier Studie, in:
Aktuelle Ernährungsmedizin, Heft 13, S.161-170
Georg Thieme Verlag, Stuttgart 1988

Unger-Göbel, Ulla:
GU Kompass Vitamine.
Gräfe und Unzer, München 1990

Umschlagfoto: StockFood/Eising
Umschlaggestaltung: Design Team München
Bildnachweis: Michael Brauner: S. 47, 51, 55, 63, 67, 71, 75, 83, 103, 107, 123
Stefan Liewehr: S. 2, 6, 10/11, 14, 19, 26, 31, 34/35, 39, 42, 91, 95, 99, 115, 119

Layout: Kathrin Hälbich
Redaktion: Heike Pressler

Satz: Filmsatz Schröter GmbH, München
Reproduktionen: Artilitho, Trento
Druck und Bindung: Egedsa, Barcelona
Printed in Spain
ISBN 3-576-11222-7